High Heels und Hühnerfüße

Für meine Mutter,
die Singapur so gerne gesehen hätte

Isabel Schrimpf

High Heels und Hühnerfüße

Begegnungen mit Singapur

FSC
www.fsc.org
MIX
Papier aus verantwortungsvollen Quellen
Paper from responsible sources
FSC® C105338

Bibliografische Information der Deutschen Nationalbibliothek
Die Deutsche Nationalbibliothek verzeichnet diese Publikation in der Deutschen Nationalbibliografie; detaillierte bibliografische Daten sind im Internet über http://dnb.d-nb.de abrufbar.

2. überarbeitete Auflage
Cover: Stephanie Schönberger

Satz, Herstellung und Verlag: BoD – Books on Demand, Norderstedt
ISBN 978-3-7322-8734-5

Inhalt

Vorwort

In den Aufzug zu pinkeln kommt 400 Dollar billiger als einen Kaugummi auf die Straße zu spucken. So fasst unser Sohn, zehn, seine Erkenntnisse aus diversen Singapur-Reiseführern zusammen. Wir haben unseren Kindern gerade eröffnet, dass wir für einige Jahre dort hinziehen würden.

Ja, Spötter tun sich leicht: »fine city«, »Asien für Anfänger« oder »Disneyland mit Todesstrafe« sind die geläufigen Attribute für Singapur. »Steril« und »seelenlos« nennen es die, die hier das malerische Elend anderer asiatischer Großstädte vermissen.

Wer sich aber auf Singapur einlässt, sieht auch hinter die glatten Spiegelfassaden des Central Business District. Im muslimischen Viertel um die Joo Chiat Road, zum Beispiel, räumten wir gerade unseren Tisch in einem kleinen Lokal und bahnten uns unseren Weg durch wartende Gäste und zierliche Vietnamesinnen, die gerade ihre Schicht in der zwielichtigen Tanzbar nebenan begannen. Da erschreckte uns ein lauter Knall. Noch einer. Revolverschüsse? Aber niemand duckte sich unter die Tische, die Damen stöckelten weiter die Straße hinab, an der Moschee vorbei. Wir traten hinaus, Räucherstäbchenschwaden umfingen uns. Durch den Dunst sahen wir auf einem halbleeren Parkplatz ein paar Männer hin- und herlaufen. Sie hatten sich Pferde aus Bambus um die Hüften geschnallt, wie Kinder, die Ritter spielen. Ihr Meister ließ eine Peitsche knallen – das waren die vermeintlichen Schüsse –, die Tänzer galoppierten wild durcheinander, und taumelten dann, offensichtlich in Trance, auf die wenigen Umstehenden zu, um sich von ihnen mit glühenden Zigarettenstummeln füttern zu lassen. Es war ein ritueller javanesischer Tanz, eine mystische Begegnung inmitten der Großstadt. Kaum sechs Kilometer von der Helipad-Bar auf dem Hubschrauber-Landeplatz des Swissôtel entfernt, auf dem die zwanzigjährigen Investment Banker gerade ihre letzten Deals mit Champagner begossen.

Traditionell, modern, spirituell, konsumbesessen, offen, skurril, kleinkariert, bunt, vielfältig und gegensätzlich, das ist Singapur. Eine faszinierende, funktionierende, feinjustierte Mischung verschiedenster Kulturen. Innerhalb weniger Wochen feiern die Singapurer das muslimische Zuckerfest, Weihnachten, das hinduistische Thaipusam und Chinese New Year. Kirchen, Moscheen, buddhistische, taoistische und hinduistische Tempel liegen nur wenige Schritte voneinander entfernt. Sonntag morgens sitzen Inderinnen mit rotem Bindi auf der Stirn in ihren prachtvollen Saris in der katholischen Messe. Abends wartet unsere Nachbarin, eine Muslimin mit hüftlangem schwarzem Haar, in Hotpants am Grill darauf, dass endlich die Sonne untergeht – Ramadan.

Es ist eine Nation zwischen Ahnenkult und Fortschrittsglaube, kindlicher Pietät und Kinderlosigkeit, staatlichem Paternalismus und darwinistischer Eigenverantwortung, ein ewiger Zwischenstopp und eine Heimat, die sich täglich verändert. Singapur erstaunt: Wie konnte es dieser »little red dot« in wenig mehr als einer Generation von einem Malaria-Sumpf zu einem der fortschrittlichsten Staaten der Welt bringen? Wie gelingt es, dass hier die verschiedensten Volksgruppen auf engstem Raum zusammenleben? Was ist der Preis für die »Singapore solution«? Dieses Buch ist eine Annäherung an Singapur aus einer europäischen, deutschen, persönlichen Perspektive, geprägt durch Erlebnisse und Erfahrungen, die die Autorin fasziniert, befremdet, verblüfft haben.

Singapore condensed

Stoppover, eine Stunde Zeit für Singapur – was tun? Im Raffles Hotel an der Long Bar einen Singapore Sling schlürfen, dabei lässig die Erdnussschalen auf den Boden schnippen? Rauf auf das Marina Bay Sands in den 57. Stock, den Blick über den Infinity Pool gleiten lassen, vorne die glitzernde Skyline der Millionenstadt, hinten tausend mächtige Tanker in der südchinesischen See? Hinunter zum majestätischen Fullerton Hotel an der Mündung des Singapore River, der Wiege der heutigen Metropole? Kann man alles machen.

Wer jedoch etwas vom wirklichen Singapur mitbekommen will, geht zum Essen. Auf nichts sind die Singapurer so stolz wie auf ihre Kulinarik. Essen gehen ist ihre liebste Freizeitbeschäftigung, noch vor dem Shoppen. Dass sich alles nur um das eine dreht, merkt man gleich bei der ersten Taxifahrt. »Haben Sie schon gefrühstückt?«, begrüßt einen der Taxifahrer. Keine Angst, es ist keine Aufforderung, von seinem dampfenden Nudelgericht in der Styroporbox auf dem Beifahrersitz zu probieren. Eher eine freundliche Frage nach dem Befinden. Denn mit etwas im Bauch kann es einem ja nicht schlecht gehen. Die Hungersnöte der chinesischen Vorfahren schlagen sich auch heute noch in der Sprache nieder.

Ganz besonders stolz sind die Singapurer auf ihre Hawker, Straßenküchen eigentlich. Allerdings, Singapur ist eben Singapur. Hier parken nicht wie sonst in Asien fahrende Garküchen wild am Straßenrand. Singapur, hervorragend organisiert in jeder Hinsicht, hat »Hawker Centre«, wie Salzgitter eben »Shopping Center« hat. Und nichts verkörpert Singapurs Essenz besser als diese.

»Echte« Hawker, also »fahrende Köche«, gibt es in Singapur seit den 60er-Jahren nicht mehr. Damals führte die Regierung Lizenzen für dieses Gewerbe ein und schickte Inspektoren los, um die mobilen Garküchen zu überprüfen und gegebenenfalls zu konfiszieren. Flüchtende Straßenverkäufer und hinterher sprintende Beamte müssen ein vertrauter Anblick in Singapurs Straßen gewesen sein. Diese Verfolgungsjagden hatten nicht selten veritable Verwüstungen zur Folge, etliche andere Buden wurden dabei über den Haufen gerannt, von Passanten ganz zu schweigen. Auf Hokkien, dem gebräuchlichsten chinesischen Dialekt in Singapur, hießen die Inspektoren deshalb bald nur noch *di gu* – »Erdbeben« zu deutsch.

Um diesem Treiben ein Ende zu setzen und die noch in den 70er-Jahren grassierende Cholera einzudämmen, wurde also die moderne Form des »Hawker Centre« ins Leben gerufen. Singapurs Patriarch und erster Premierminister Lee Kuan Yew holte mehr als 5.000 fahrende Essensverkäufer von der Straße, steckte sie in winzige aneinandergereihte Buden, ließ ein Dach darüber anbringen und die Köche dafür Miete zahlen. Das nahmen die Besitzer der Garküchen seiner Partei, der People's Action Party (PAP), noch Jahrzehnte später übel. Inzwischen gibt es längst eine Steigerungsform der Hawker Centre: die klimatisierten *Food Courts* in den großen Shopping Malls der Stadt.

Grob erinnert so ein Hawker Centre an einen bayrischen Biergarten, etwa den am Viktualienmarkt in München: Gleich neben den Marktständen mit Obst und Gemüse, Fisch und Fleisch wird aufgekocht. Es herrscht eine bunte Mischung an Besuchern, quer durch alle Gesellschaftsschichten. Bauarbeiter in Gummistiefeln und Leuchtweste sitzen am Tisch neben Bankern mit Fliege und Gemmen an den weißen Manschetten. Dazwischen zierliche Asiatinnen in High Heels, die mit je einem Pfund Glitzersteinen besetzt sind, aus Gründen der Statik vermutlich. Jeder holt sich in Selbstbedienung, was er mag. Statt einer Maß allerdings stemmt man in Singapur junge Kokosnuss, und naja, ganz so "griabig" wie unter schattigen Kastanienbäumen ist es auf den im Boden verankerten Plastikstühlen unter der Neonbeleuchtung auch nicht. Andererseits, dass Bierbänke gemütlich sein sollen, bildet man sich auch erst nach der zweiten Maß ein. Urig ist ein Hawker Centre auf jeden Fall. Und so vielfältig wie kaum ein anderer Platz auf der Welt.

Drei Viertel der Singapurer haben chinesische Wurzeln, jeweils ungefähr jeder Zehnte ist malaiischer beziehungsweise indischer Abstammung. Aufgrund der großen regionalen Unterschiede innerhalb ihrer Herkunftsländer ist der Mix beim Hawker aber noch weitaus bunter – bei Gästen wie bei Speisen. Jede erdenkliche asiatische Küche ist dort vertreten: aus Malaysia, Punjab, Kerala, Kanton, Sichuan, Hainan, Thailand, Vietnam, Korea oder Java, um nur einige zu nennen. Die Leuchtreklametafeln über den Büdchen locken mit Laksa, Nasi Lemak, Pattay Nudeln, Roti

Prata, Char Kway Teow, Chicken Rice, Yong Tau Fu und Dutzenden anderer Gerichte. Wenn Kollegen mittags zum Essen gehen, kann also jeder nach seiner Fasson glücklich sein: Inder, Malaien, Chinesen, aus welcher Region sie auch kommen, und sogar *ang mos*, »die Rothaarigen«, wie die Weißen hier wegen der einstigen, oft rotschopfigen britischen Kolonialherren seither genannt werden.

So faszinierend die Vielfalt der Speisen im Hawker Centre auch ist, für unbedarfte Westler sei ein Wort der Vorsicht an dieser Stelle erlaubt: Lassen Sie sich nicht von allzu blumigen Namen verführen!

»Buddha hüpft über die Mauer« zum Beispiel, ein Gericht, dessen Name Erleuchtung und durchtrainierte Oberschenkel gleichermaßen anklingen lässt, ist nichts anderes als ein hochgegriffener Euphemismus für einen Seegurken-Eintopf. Diese vom Meeresboden geklaubte Delikatesse aus der Familie der Stachelhäuter liegt in allen Schattierungen von mittelbraun bis blauschwarz in den Auslagen Chinatowns und erinnert stark an mumifizierte Penisse. Optisch wie geschmacklich durchaus eine Herausforderung für einen *ang mo*.

Vorsicht ist auch bei einem Dessert mit dem poetischen Namen »snow jelly« geboten. So bezeichnet, weil sich Chinesinnen von der Nachspeise und ihrem hohen Kollagengehalt eine schneeweiße Haut versprechen. Was es ist? Gelee aus dem Eileiter-Gewebe von Ochsenfröschen. Die Nachfrage nach Hashima, so der Fachbegriff für die Kröten-Innereien, explodiert jedenfalls gerade dermaßen, dass sich das an Land so knappe Singapur sogar eine eigene

Frosch-Farm leistet. Wenigstens brauchen Frösche weniger Platz als anderes Nutzvieh.

Immerhin, beim Nationalgericht »fish head curry« weiß man, was man bekommt. Auch wenn dessen Hauptbestandteil, Fischkopf eben, in Deutschland eher unter Biomüll als unter Mittagstisch läuft. Eine andere Spezialität sind die tausendjährigen Eier, mit britischem Understatement »century eggs« genannt, was allerdings immer noch etwas hochgestapelt ist. Heutzutage werden dafür rohe Enteneier drei Monate lang eingelegt – nicht in einem Eimer Pferdeurin wie oft behauptet, sondern in einem Brei aus Sägespänen, gebranntem Kalk und Holzasche, fein abgeschmeckt mit Anis, Sichuanpfeffer, Teeblättern, Piniennadeln und Fenchelkörnern. Der Überlieferung nach fiel einem chinesischen Bauarbeiter dereinst sein Brotzeit-Ei in eine Kiste mit frisch angerührtem Mörtel. Nach drei Jahren fand es jemand – offenbar ließ man sich beim Hausbau etwas Zeit – probierte, und stellte fest: Es ist immer noch genießbar. Solche Snacks waren gesucht in China. Zumal sich durch die lange Fermentierung das Eiklar in eine glibbrige, dunkelgelbe Masse verwandelt, während das Eigelb eine quarkige Konsistenz in grünem Kolorit annimmt. Beides trifft offenbar genau den chinesischen Geschmack.

Aber nicht nur was, sondern auch wie die Singapurer essen, ist in seiner Vielfalt ein Spiegel der ganzen Nation. Die einen fischen gekonnt in der Suppe und zwirbeln die herausgeangelten Glasnudeln elegant um die Stäbchen. Andere machen es sich leicht und greifen zu Gabel und Löffel – Messer kennt und braucht man als Essbesteck bei Hawkern nicht. Dass in der asiatischen Küche alles kleingeschnippelt wird – meist übrigens mit einer Haushaltsschere –, ist nüchterner Kostenrechnung zu verdanken: Fleisch und Gemüse wird in kleinen Stückchen schneller durch, das sparte früher Feuerholz. Und selbst heute noch sind die Hawker-Gerichte sehr günstig.

Aber nicht nur Messer sind verzichtbar, auch Gabeln und Löffel. Wozu hat man schließlich Finger? Reis und Curry werden händisch auf einem Bananenblatt zu kleinen Kegeln zusammengehäufelt, bevor man sich die Happen mit der Hand in den Mund schiebt. Die rechte, und nur die rechte Hand zu benutzen, ist dabei entscheidend. Die linke ist hygienischen Verrichtungen vorbehalten. Aus eigener Erfahrung weiß ich, dass es gar nicht so einfach ist, Naan oder Dosai-Fladen einhändig zu zerteilen. *Ang mos* wird eine unauffällige Hilfestellung durch die zweite Hand zum Glück verziehen. Sich nicht an der Tischkultur des Gegenübers zu stören, gehört im Vielvölkerstaat zur gelebten Toleranz.

Das war denn auch eine der ersten Lektionen für uns in Singapur, als wir sahen, woran unser Tischnachbar weithin vernehmbar zuzelte. Bis auf die Farbe hatte es nichts gemein mit Weißwürsten, der einzigen Mahlzeit, die in Bayern kniggekonform gezuzelt werden darf. In seinem Fall handelte es sich um Hühnerfüße. Bleiche, hartgummiartige Hühnerfüße. Auch von ihnen versprechen sich die Chinesen, offenbar auch die männlichen, einen zarten, vornehmen Teint. Die Knochen aus dem restlichen Hendl spuckte der Herr kurzerhand auf den Tisch. Er war nicht etwa ungehobelt, das ist durchaus Usus. Wegen dieser Sitte sind die Tische in chinesischen Lokalen häufig mit einem riesigen Müllsack statt mit einer Tischdecke überzogen. Ist man mit dem Essen fertig, kippt die Kellnerin die Reste vom Teller zum schon daneben befindlichen Gebein, rafft das Ganze zusammen, wirft sich den Plastiksack über die Schulter und bringt ihn außer Sichtweite. Soviel nur zu Singapurs Sterilität.

Um aber ihrem Ruf gerecht zu werden, kontrollieren Singapurs Behörden regelmäßig die Garküchen. Wie beim Punktekatalog in Flensburg kann der Koch seine Lizenz verlieren, wenn er es auf die entsprechende Anzahl an Minuspunkten bei der Reinlichkeit bringt. In jeder Bude muss für das Publikum gut sichtbar ein Hygiene-Zertifikat mit der entsprechenden Note A bis D hängen. Die A-Küchen sehen rein optisch nicht viel einladender aus als die anderen. Ein D vielleicht, ein C jedoch schreckt niemanden. Im Gegenteil, diese Garküchen sind wegen ihrer besonderen »Würze« oft umso beliebter.

Nicht nur was Organisation, Vielfalt und Sauberkeit anbelangt, sind Hawker Centre typisch für Singapur, auch die Art und Weise, wie sich Gäste ihren Plastiktisch reservieren, dürfte ziemlich einzigartig sein auf der Welt. Analog zum teutonischen Handtuch auf der Liege am mallorquinischen Hotelpool wurde früher ein Päckchen Taschentücher mittig auf dem Tisch platziert, den man sich frei halten wollte. Aber alles unterliegt dem Wandel, die Technisierung schreitet unaufhaltsam voran. Auch beim Hawker wird zunehmend von Papier auf Elektronik umgestellt. Heute wird per iPhone reserviert. Der Singapurer liebstes Spielzeug wird dazu ostentativ auf den Tisch gepflanzt, bevor man sich in die längste Schlange einreiht – das muss ja wohl der beste Hawker sein, sonst stünden dort nicht so viele Leute an. In kaum einer anderen Stadt würden die Leute ihr persönlichstes und wichtigstes Gut, Statussymbol und Schlüssel zu sozialem Leben, so bedenkenlos herum liegen lassen. Ein eindrucksvolles Beispiel für die viel gepriesene Sicherheit der Stadt, die sich dank flächendeckender Videoüberwachung und drakonischer Strafen einer der niedrigsten Kriminalitätsraten der Welt rühmt.

Das Merkmal, das vielleicht am meisten über Singapur aussagt, findet sich in den Hawker Centern an einem speziellen Ort: an den Waschbecken, die locker zwischen den Sitzgruppen verteilt sind. Dort hängen didaktisch aufbereitete Plakate, auf denen Comicfiguren nicht nur darauf hinweisen, dass man sich die Hände waschen soll, sondern auch, veranschaulicht in einer Fotostrecke von sechs Bildern, wie man das am besten bewerkstelligt. Ist das staatliche Fürsorge in den Nachwehen von SARS? Einmischung? Bevormundung? »Government oder Gouvernante?«, wie das Magazin *Der Spiegel* frotzelte. Kann man daraus schließen, dass Singapurs Regierende ihren Bürgern nicht allzu viel zutrauen? Es ist dieser wohlmeinende, aber penetrante Paternalismus, der den allgemeinen Umgangston zwischen ubiquitärem »nanny«-Staat und Bürgern bestimmt.

Was den Mikrokosmos Hawker Centre als Abbild Singapurs jetzt noch abrundet, ist das spirituelle Element: ein Altar, meist in der hintersten, zweckmäßig gekachelten Ecke, in der das Reinigungspersonal Wischmopps und Gummistiefel zum Trocknen abstellt. Eben hier thront Guang Gong mit seinem roten Kopf und seinem imposanten schwarzen Vollbart. Er war eine historische Persönlichkeit aus dem zweiten Jahrhundert, ein General der Han Dynastie, der wegen seiner ausgesprochenen Tapferkeit als Kriegsgott verehrt wird. Deshalb seine leuchtende Gesichtsfarbe, die nicht etwa für Beschämung, sondern für Heldenmut steht, wie auch die roten Masken in der Chinesischen Oper. Da Guang Gong außerdem für seine unerschütterliche Loyalität berühmt war, ist er interessanterweise zugleich Schutzpatron der Polizisten wie der chinesischen Triaden. Courage und Treue sind eben universelle Tugenden.

Von den Inhabern der Garküchen wird Guang Gong aber nicht so sehr als Kriegsgott verehrt, sondern eher in seiner weiteren Eigenschaft, als Gott des Reichtums. Wer würde ihm da nicht mit Orangen und Räucherstäbchen huldigen? So primitiv die zwei Quadratmeter großen Küchen mit ihrem riesigen Alutopf, der Plastikschüssel für den Abwasch und dem abgewetzten Melamingeschirr auch wirken, so lukrativ können sie für Insider als Venture Capital-Anlage sein. Der Lieblings-Prawn-Noodle-Soup-Shop eines hochrangigen Juristen erfreute sich jedenfalls einer beträchtlichen Einlage seines treuen Kunden, der sein Geld im Vertrauen auf den Verkaufserfolg seines Leibgerichts in die Garküche investierte und stiller Teilhaber wurde.

Die Altäre dienen aber nicht nur der Umsatzsteigerung der Budeninhaber. Sie haben auch für die Kundschaft einen positiven Nebeneffekt: Die Duftwolken der Räucherstäbchen übertünchen – sofern entsprechend positioniert – den Gestank der Durians, die bei den Viktualien im Marktbereich, dem *wet market* nebenan, angeboten werden. »Wet market« heißt er übrigens deshalb, weil das Eis, das den Fisch frisch halten soll, in der Singapurer Hitze so schnell schmilzt, dass der Boden schon am Vormittag eine einzige Wasserlache ist.

Durians, die stacheligen »Könige der Früchte«, nach denen im Volksmund die ebenso stacheligen Konzerthallen der Esplanade benannt sind, polarisieren stark. Den einen, meist Asiaten, sind sie ein Hochgenuss. Die anderen, meist Westler, finden sie grauenerregend. Unbestritten ist ihre olfaktorische Extravaganz: sie stinken dermaßen, dass ihr Transport in öffentlichen Verkehrsmitteln und Taxis verboten ist. Angeblich kann man auch Tage nach dem Transport einer Durian kaum den Kofferraumdeckel heben, ohne aus den Schuhen zu kippen. Will man eine mit nach Hause nehmen, muss man also entweder ein eigenes Auto besitzen, was in Singapur ein sehr ansehnliches Einkommen voraussetzt, oder man schleppt sie durch die Schwüle zu Fuß nach Hause.

Da können sich all diejenigen glücklich schätzen, vor deren Wohnung ein Durianbaum steht und die so frei Haus Zugang zu dieser Köstlichkeit haben. Da Durians allerdings nicht gepflückt werden, sondern man für eine volle Geschmacksentfaltung warten muss, bis sie vom Baum fallen, erfordert diese Art der Beschaffung einiges an Geduld. In der Durian-Saison verharren deshalb die *uncles*, betagte Chinesen, meist im luftigen Unterwäsche-Look, stundenlang reglos auf einem Plastikstuhl unter dem Baum der Begierde und warten stoisch auf das dumpfe Aufschlagen der Delikatesse.

Wie man sich vorstellen kann, verläuft das Einbringen der Ernte nicht immer ganz harmonisch. Schließlich kommt auf einen solitären Durianbaum in der Regel mindestens ein Dutzend Wohnblocks mit jeweils mehreren Hundert Wohneinheiten. Und ähnlich den Fallobst-Fällen, mit denen sich die deutschen Jura-Erst-Semester herumschlagen, sind Durians nicht selten Auslöser unschöner, lautstarker und bisweilen handgreiflicher nachbarschaftlicher Auseinandersetzungen, die die Einschaltung professioneller Mediatoren oder gar der Justiz notwendig machen.

Jetzt, wo Sie wissen, welche Emotionen diese Früchte entfesseln, sollten Sie auf jeden Fall einmal Durian probieren. Kein Singapur-Aufenthalt wäre sonst komplett. Wenn man weiß, was auf einen zukommt, ist es auch nur halb so schlimm. Stellen Sie sich gedanklich ein auf Bukett und Geschmack überreifen Camemberts in Zwiebelsoße, was übrigens auch Konsistenz und Farbe ziemlich genau trifft. Sie werden aus diesem Abenteuer gestärkt hervorgehen. Wenn Sie sich das nicht zutrauen und sich langsam herantasten wollen, versuchen Sie es erst einmal mit Durian-Pfannkuchen. Die gibt es zum Beispiel gleich neben den Rolltreppen in Singapurs ältestem Plattenbau, dem markant giftgrün-kanariengelb gestreiften People's Park Complex in Chinatown, der allein schon wegen seiner Hässlichkeit einen Besuch wert ist. Sie können sich der Königsfrucht aber auch in Form von Eis am Stiel nähern. Die Eis-Theken Singapurs warten überhaupt mit für Westler recht ungewohnten Geschmacksrichtungen auf: Den heimatlichen Standardsorten Vanille, Erdbeer, Schokolade entspricht in Singapur das Dreigespann Durian, rote Bohnen und – immerhin – Mais. Auch das Ice Kacang, ein Berg zerstoßener Eiswürfel, der mit Sirup in allen Farben des Regenbogens begossen wird und als »surprise« in seinem Innern ein paar schmackhafte Hülsenfrüchte bereithält, ist ein eher optisches als kulinarisches Highlight.

Die stilvollste Art, die Stinkfrucht kennenzulernen, bietet jedoch mit seinen Durian-Petit Fours das feudale Goodwood-Park-Hotel, der ehemalige »Teutonia Club«. Der erste Deutsche Club Singapurs eröffnete im Jahr 1900 mit einem rauschenden Ball, zu dem 500 Gäste in das mondäne viktorianische Anwesen geladen waren. Mit Beginn des ersten Weltkrieges waren die Deutschen aber auch in Singapur nicht mehr wohl gelitten und mit dem Teutonia Club war es vorbei.

Überhaupt erstaunlich, auf wie viel Deutsches man in Singapur stößt. Der Trend zum Fachwerkhaus, der in der Bukit Timah-Gegend Einzug gehalten hat, kam vielleicht über den Umweg aus Qingdao mit den chinesischen Immigranten aus der ehemaligen deutschen Kolonie hierher. Weißwürste, tiefgefrorene Brezen und original »King Ludwig Sauerteigbrot« bekommt man jedenfalls problemlos, nicht nur im German Market Place. Man kann sich zum »Martinsgans-Essen unter Tropenhimmel« im Schweizer Club einfinden oder sich in Lokalen mit so anheimelnden Namen wie »Brotzeit« oder »Stammtisch« an einer Schweinshaxe laben – wahlweise mit oder ohne Stäbchen. Letztes Jahr habe ich zum ersten Mal in meinem Leben selbst einen Adventskranz gebunden, im Sommerkleid unter Palmen, eine Affenhorde sah mir dabei zu. Schnee, oder was die Singapurer dafür halten, rieselt in der Vorweihnachtszeit täglich von 19.45 bis 20.00 Uhr vor der Tanglin Mall herab. Philippinas führen rotbraune Kurzhaardackel, Inbegriff des Deutschtums, Gassi bis zum nächsten Mangobaum. Schwarzwälder Kirschtorte liegt in der Auslage der malaiischen Konditorei neben rot-blau-grün-gelb gestreiftem *kueh lapis* und kugeligen *onde ondes*. Erübrigt sich zu erwähnen, dass Singapur auch ein Oktoberfest hat und im klimatisierten Bierzelt mindestens so eine Stimmung herrscht wie im Münchner Augustiner. Maßkrüge gibt es allerdings nicht. Den Asiaten fehlt ja bekanntlich ein Enzym zum Abbau des Alkohols, also nur Halbe.

Keine Sorge also, für Langnasen gibt es auch anderes als ewig nur Kokosnuss und Lychee-Saft. In Singapur findet der Westler alles, was sein Herz begehrt, von der Molekular-Küche in Reagenzgläsern bis zur Helipad-Bar auf dem Hubschrauberlandeplatz des Swissôtel. »Moules frites« mit »mort subite«, um nur eines von mehreren Hundert belgischen Bieren zu nennen, die hier im Verkauf sind. Paella, Gyros und Pizza gibt es wie Sand am Meer.

Eine Spezialität allerdings scheint etwas genuin und exklusiv Singapurisches zu sein: das Beutelchen Kopi, Gegenstück zur »Tasse Kaffee« anderswo. Coffein in dieser Form, in transparenten Plastikbeuteln an bunten Wollschnüren baumelnd, sieht man ausschließlich an Handgelenk oder Blinkerhebeln von Einheimischen, jedoch nie an einem *ang mo*. In Singapur haben die lokalen Coffeeshops offenbar noch nicht vollständig vor Starbucks und Konsorten kapituliert und halten eisern dagegen, nicht zuletzt mit ihrem Verpackungsdesign. Es ist schon rätselhaft genug, wie man amerikanischen Kaffee aus Styropor-Schnabeltassen trinken kann, aber der Singapurer Kopi to go in seinem Katheterbeutel setzt wahrlich noch einen drauf.

Auch in einer anderen Hinsicht sind Singapurer Kaffeehäuser den Amerikanern voraus: sie bieten ihren Kunden eine »Kopi-App«, die hilft, die Komplexität ihres Angebots zu durchdringen. Denn was die Bandbreite an Zubereitungsarten anbelangt, können die Kopitiams locker mit der US-Konkurrenz mithalten.

Die wesentlichen Parameter bei der Bestellung eines Kaffees sind dabei:

- Stärke,
- Art der Milch,
- Grad der Süße und
- Zugabe von Eis.

Diese Merkmale lassen sich nach Gusto kombinieren, wobei mit zunehmender Raffinesse der Kaffeevariation auch deren Namen an Exotik gewinnen. Ein simpler, normal starker, normal süßer Kaffee mit Kondensmilch ist ein »Kopi«. Ohne Milch ein »Kopi O«. Mit aufgeschäumter Milch ein »Kopi See«, auch »Kopi C« geschrieben. »Kopi poh peng« ist schwacher Kaffee mit Kondensmilch und Eis. Der Singapurer Cappuccino, sorry, Kopi Chino, wird in Anbetracht des Klimas ebenfalls gerne mit Eis , also als »Kopi See Gao Peng«, getrunken. Mit ein bisschen mehr Zucker nennt er sich »Kopi See Gao Ga Dai Peng«. Alles klar?

Bei den Kopitiams führten wohl kostentechnische, vielleicht auch praktische Überlegungen zur landestypischen Wahl der Behältnisse. Zumindest hat man an Taxi- und Busfahrer gedacht, die sich ihre Muntermacher an die Armaturen hängen. Die Betreiber des Lokals »The Clinic«

am Clark Quay dagegen ließen sich bei der Gestaltung ihres Lokals wahrscheinlich von marketingpolitischen Gesichtspunkten leiten, vielleicht auch nur von ihrem reichlich morbiden Humor. Statt auf Sofas fläzte man dort auf Krankenbahren, nicht Lounge Sessel, sondern Rollstühle gruppierten sich um Kliniktischchen. Drinks nahm man aus Infusionsflaschen zu sich, immerhin oral. Im Gegensatz zum florierenden Geschäft mit dem Katheter-Kaffee hat sich diese Bar allerdings inzwischen totgelaufen. Hypochonder und Moribunde als Zielgruppe zogen wohl doch nicht so.

Mikro-Management oder »Say please and thank you!«

»Singapore is a fine city«. Dass Singapur nicht nur eine schöne Stadt, sondern vor allem eine Stadt der Strafen ist, dieses Wortspiel ist inzwischen in seltener Selbstironie der bekannteste »Claim« ihrer Tourismusindustrie. Fragt man nach spontanen Assoziationen zu Singapur, fällt den meisten zuerst das Kaugummiverbot ein. Die strikte Prohibition dieses Genussmittels ist inzwischen allerdings zaghaft gelockert, und seit einigen Jahren werden nicht einmal mehr die Beweisfotos derjenigen in der Zeitung veröffentlicht, die bei Rot eine Straße überquert haben. Trotzdem stellt sich Singapur dem allgemeinen Sittenverfall auch weiterhin entschieden und mit drastischen Strafen entgegen. Heute stehen auf »wildes Straßeüberqueren« bis zu 1.000 Dollar (gemeint sind immer Singapur Dollar) oder im Wiederholungsfalle drei Monate Gefängnis. Wer in öffentlichen Verkehrsmitteln isst oder trinkt, kann sich auf 500 bis 5.000 Dollar Strafe gefasst machen. Seine Zigarettenkippe auf dem Gehweg auszudrücken oder ein Taschentuch fallen zu lassen, kommt beim ersten Mal auf 1.000 Dollar, beim zweiten Mal konsequenterweise auf das Doppelte. Zusätzlich, und weitaus wirksamer, kommt bei derartigen Gesetzesüberschreitungen auch immer noch die moderne Form des Prangers zum Einsatz: Müllsammeln in schreiend neongelben Leuchtwesten auf der Orchard Road, Singapurs Shopping-Meile. Also genau dort, wo Nachbarn, Kollegen und Freunde ihr Wochenende verbringen. Gerne wird dazu auch das Fernsehen für eine Live-Reportage eingeladen.

In Singapur wird nicht lange gefackelt. Das hat auch einer unserer Bekannten zu spüren bekommen, dessen Frau kurze Zeit nach ihrem Umzug nach Singapur ihren Wagen falsch geparkt hatte, noch in Unkenntnis der gelben, roten, doppelten oder gezackten Linien auf der Fahrbahn. Den daraufhin eintreffenden Bußgeldbescheid überwies sie, wie üblich, an einem speziellen Automaten. Offenbar ist bei der Überweisung jedoch etwas schief gelaufen, ein paar Tage später nämlich lag eine Vorladung im Briefkasten: Ihr Mann, der Halter des Fahrzeugs, habe noch am selben Tag bei der Polizei zu erscheinen. Kaum hatte er die Polizeistation betreten, wurden ihm Handy, Geldbeutel und Schnürsenkel abgenommen. Bis dahin nahm er die befremdliche Situation mit Humor, Singapur eben. Das Lachen verging ihm allerdings, als er merkte, dass ein klärendes Gespräch zwischen ihm, einem Ausländer, und dem Polizeibeamten in den Vorschriften weder vorgesehen noch möglich war. Eine Äußerung zur Anklage durfte nur durch einen Singapurer Vertreter erfolgen. Immerhin durfte er ein Telefongespräch führen. Zum Glück kam einer seiner einheimischen Kollegen aus der Rechtsabteilung seiner Firma auf die Wache, um mit dem Polizeibeamten zu sprechen. Der Preis der Freiheit: Er zahlte noch einmal und war um eine einschneidende Erfahrung reicher.

Singapurs Strafverfolgungsbehörden sind schnell, effizient und rigoros. Der kleine Inselstaat brachte es laut einem

Report von Amnesty International aus dem Jahre 2004 in den vorangegangenen 13 Jahren auf die weltweit höchste Anzahl an Todesurteilen pro Einwohner. Bis Ende 2012 bezahlte man etwa für den Besitz von mehr als 15 Gramm Heroin beziehungsweise 500 Gramm Marihuana zwingend mit dem Leben, ohne richterlichen Ermessensspielraum. Im Schulbetrieb kürzlich abgeschafft, findet die Prügelstrafe mit dem Stock im Strafvollzug immer noch regelmäßige Anwendung, wovon die Welt meist nur erfährt, wenn es einen Ausländer trifft. Der bekannteste Fall war der des amerikanischen Teenagers Michael Fay, der 1994 wegen Sachbeschädigung und Diebstahls von Verkehrsschildern angeklagt wurde. Nach Bill Clintons Intervention wurden ihm immerhin zwei der verhängten sechs Stockschläge erlassen. Um nicht den Eindruck übertriebener Milde gegenüber Ausländern aufkommen zu lassen, ging man 2010 aber mit aller Härte gegen den 32jährigen Schweizer Oliver Fricker vor, der U-Bahn-Wagen mit Graffiti besprüht hatte. Die zweite Instanz erhöhte sein ursprüngliches Strafmaß von drei Stockschlägen und fünf Monaten Gefängnis sogar noch um zwei Monate. Auf Sprayer reagiert Singapur besonders empfindlich: Der »Vandalism Act« von 1966, unter den diese Art von Sachbeschädigung fällt, hatte dabei ursprünglich das Verbot politischer Parolen zum Ziel. So sorgt die Regierungspartei PAP für Sauberkeit, Ordnung und Stabilität – durchgehend seit der Staatsgründung 1965.

Eindrucksvoll sind auch die martialischen, signalroten »Betreten verboten«-Schilder, befestigt an Maschendrahtzäunen um Polizeischulen, Wasserreservoirs und andere Anlagen nationalen Interesses. Auf den Tafeln sind zwei Männer abgebildet: Der eine, Finger am Abzug, richtet sein Maschinengewehr auf den anderen, der sich ihm mit erhobenen Händen ergibt. Das ist die softe Form, muss man wissen. Vor einigen Jahren noch sah man zur besseren Illustration den Eindringling neben dem Soldaten bereits erschossen auf dem Boden liegen.

Die Abschreckung erfüllt ihren Zweck – und nicht nur einen. Denn Singapurs Drakonik wirkt nicht nur erzieherisch, sondern auch ökonomisch. Sie ist auch eine Maßnahme der Kostensenkung, der Effizienzsteigerung. Singapur wird geführt wie ein Unternehmen: »The government runs Singapore« heißt es deshalb hier. Was zählt ist die »bottom line«, das, was unter dem Strich herauskommt. Weil es schlichtweg Geld kostet, Mülleimer in Bussen und U-Bahnen zu leeren, dürfen die Leute unterwegs nichts mehr essen. Dann muss auch keine Verpackung entsorgt werden. Weil es Geld kostet, mit Kaugummi verklebte Aufzugknöpfe und U-Bahntüren wieder in Gang zu bringen, gibt es keine Kaugummis mehr. 1992 wurde das berühmte Verbot eingeführt, mit dem die Regierung sicherstellt, dass das reibungslose Funktionieren Singapurs nicht an klebriger Gummimasse scheitert.

So ganz abwegig ist der Gedanke ja nicht. Man vermisst Zigarettenkippen und Kaugummiflecken auf dem Bürgersteig nicht wirklich. Liest man, wie deutsche Gemeinden mit Müllbergen kämpfen, die ihre Bürger in Parks hinterlassen und wie ohnmächtig deutsche Behörden den Abfallhaufen gegenüberstehen, die nach jedem lauen Sommerwochenende die Flussufer verschandeln, an denen das Grillen eigentlich verboten ist, so fragt man sich doch, ob es Singapur nicht schlauer anstellt. »Wildes« Grillen gibt es hier nicht. An der East Coast und in anderen Parks kann man stattdessen festinstallierte Grillplätze unter Palmen buchen, mit Blick auf die beleuchteten Tanker vor den nahen indonesischen Inseln. Freilich nicht ohne sich vorher mit seiner Passnummer angemeldet und eine Kaution hinterlegt zu haben. Wer seinen Müll zurücklässt, zahlt. Funktioniert einwandfrei. Alles ist sauber, aufgeräumt und kostet nichts, weder den Nutzer, noch den Steuerzahler. Nur in Deutschland bislang schwer vorstellbar.

Doch nicht ausschließlich der homo oeconomicus leitet Singapurs Regierung bei der Gestaltung des Gemeinwesens. Erfrischenderweise, möchte man fast sagen, gibt es auch noch einige Regelungen, die sich damit nicht begründen lassen, und sich auch sonst teleologisch nicht unmittelbar erschließen. Höchstens mit Blick auf einen etwaigen »homo aestheticus« lässt sich der noch 1996 debattierte Gesetzesentwurf erklären, der die Verfehlung, nackt in den eigenen vier Wänden herumzulaufen und vom Nachbarn dabei erwischt zu werden, mit drei Monaten Gefängnis sanktioniert.

Singapurs jahrzehntelanger Staatslenker Lee Kuan Yew machte nie einen Hehl daraus, dass er nicht viel von der Spezies Mensch hält. Im Falle dieser Vorschrift wollte er seinen Mitmenschen vielleicht tatsächlich nur den nackten Anblick ihrer Zeitgenossen ersparen. Aber auch jenseits des rein Körperlichen sah er nur allzu deutlich die Schwächen des Menschen. Nur durch strenge Führung und eiserne Hand sei der Mensch in der Lage, gedeihlich mit anderen zusammenzuleben, so sein Credo. Anderenfalls herrsche Eigennutz und Egoismus. Hat er womöglich Recht?

Lee Kuan Yew – hier bekannter als LKY, denn Singapurer lieben Abkürzungen – war Premierminister von 1959 bis 1990, Senior Minister bis 2004 und danach Minister Mentor, ein eigens für ihn geschaffenes Amt, bis er nach dem schlechtesten Wahlergebnis seit der Unabhängigkeit die politische Bühne im Jahr 2011 verließ. 52 Jahre lang hat er die Geschicke der jungen Nation gelenkt, ebenso weitsichtig wie akribisch. Dem Zufall wollte er nichts überlassen, seinen Bürgern nicht viel mehr: »Oft wurde ich beschuldigt, mich in das Privatleben der Bürger einzumischen. Ich sage ohne Reue, dass wir heute nicht hier wären, nicht diesen wirtschaftlichen Fortschritt gemacht hätten, wenn wir nicht in sehr private Angelegenheiten eingegriffen hätten – wer dein Nachbar ist, wie du lebst, welchen Lärm du machst, ob du spuckst, oder wie du sprichst. Wir entscheiden, was richtig ist. Egal, was die Leute denken.«, so LKY 1987 in einem Interview mit der *Straits Times*.

Er hat sein Ziel eines funktionierenden Vielvölkerstaates erreicht – auf einer Insel, auf der es kaum unterschiedlicher zugehen könnte, angesichts so vieler Ethnien, Sprachen, Schriften, Religionen, Essenstraditionen, Kleiderordnungen und Tabus. Und Singapur funktioniert nicht nur, es prosperiert wie kaum eine andere Region.

Aber die Verbote sind nur die halbe Miete. Berüchtigt ist Singapur nicht weniger für ihr Gegenstück, die Gebotsschilder, die die Nation flächendeckend überziehen. Was sagen sie über das Menschenbild der Regierenden? Sind Singapurer ohne Handlungsanweisung nicht überlebensfähig? Traut man ihnen tatsächlich so gar keine eigenständigen Gedanken zu? Oder wurden die ihnen schon abgewöhnt?

Warum kleben signalgelbe Hinweisschilder in den Bussen, die dazu auffordern, sich während der Fahrt an den eigens zu diesem Zweck angebrachten Haltestangen auch wirklich – und das fettgedruckt – »fest« zu halten (»Hold on *firmly* to the poles«)?

Warum braucht es ein Piktogramm im Bus, das die Passagiere dazu anhält, dem Busfahrer während der Fahrt nicht mit der Faust ins Gesicht zu schlagen? Wer die Aussage hinter der sich dem geneigten Betrachter entgegenreckenden durchgestrichenen Faust nicht ganz erfasst, für den steht es auch noch einmal in Textform da: »No assault on bus captain!«. Muss das den Singapurern wirklich explizit in Erinnerung gebracht werden, nach dem Motto: »Also heute schlagen wir den Busfahrer einmal nicht zusammen«?

Ohnehin sind die Fenster der Busse so zugeklebt mit Instruktionen aller Art, dass man kaum mehr hinaussehen kann. Und das nicht nur, weil alle Ge- und Verbote in den vier Landessprachen Englisch, Mandarin, Tamil und Malaiisch aufgeführt und Durians in Bus und Bahn verboten sind. Der öffentliche Nahverkehr scheint die ideale Plattform zur Bürger-Erziehung mittels Kampagnen zu sein – und daran mangelt es nicht in Singapur: Da ist die »Please stand behind the yellow line«-, die »Please move to the middle of the carriage after boarding«-, die »Please move to the right of the escalator«- und die »Please wait for passengers to alight before boarding«-Kampagne.

Ein wenig mutet es dem Westler wie die Dressur eines ganzen Volkes an. LKY selbst verglich die Erziehung seiner

Bürger mit dem Abrichten eines Hundes, das umso leichter falle, je jünger das Tier sei. Einem Welpen könne man noch leicht beibringen, sein Häufchen draußen zu machen. Seine, Lee's Aufgabe sei jedoch ungleich schwieriger. Er habe es schließlich mit schon Ausgewachsenen zu tun, die auch heute noch absichtlich in den Aufzug pinkelten. Ganz könne man da wohl nicht auf den Stock verzichten. Man mag zu LKY stehen, wie man will. Zugute halten muss man ihm in jedem Fall, dass er seine Ansichten verblüffend frei von jeglicher »political correctness« vertritt.

Dass dem Staat in Singapur eine andere Rolle zukommt als im Westen, wird auch schon am chinesischen Wort dafür deutlich. »Staat« ist auf Chinesisch *guo jia*, die Landesfamilie. Soll es aber nicht zur totalen Infantilisierung der Familienmitglieder kommen, muss man auch einmal loslassen können. Vereinzelt sieht man in jüngster Zeit also Bemühungen, die gegängelten Singapurer wieder »auszuwildern« – unter genauer Anleitung, versteht sich. Denn die Menschen haben sich daran gewöhnt, dass ihnen gesagt wird, wo genau sie am U-Bahnsteig stehen sollen, wenn sie auf den Zug warten. Rote Klebestreifen markieren die Stelle, an der man zu bleiben hat, bis der »Gegenverkehr« ausgestiegen ist. Dann darf man auf das Feld mit den grünen Pfeilen wechseln und in angegebener Richtung den Wagen betreten.

Offenbar fand ein hochrangiger Funktionär das ein wenig kindisch. So hat man in einem »Pilot-Projekt« an der Haltestelle Yishun die roten und grünen Klebestreifen entfernt und geschaut, was passiert. Das befürchtete Chaos blieb aus. Dieser Erfolg, zuvor auf Nachhaltigkeit geprüft, wurde als glorreiches Beispiel über Lautsprecherdurchsagen an allen anderen Haltestellen proklamiert, wobei explizit die Leistung der Yishuner U-Bahnfahrer gefeiert wurde: ohne ausgewiesene Hilfslinien in den U-Bahnwaggon einzusteigen.

Das Pilot-Projekt ist noch nicht national ausgerollt, aber es zeigt, dass zumindest in Yishun der Glaube an die Menschheit berechtigt war. An anderer Stelle jedoch haben es Singapurs Vordenker offenbar aufgegeben: bei der Klospülung. Keine öffentliche Toilette ohne Schild »Nach Gebrauch bitte spülen« – und selten eine ohne den entsprechenden Hinweis auf das ansonsten fällige Strafmandat. Wer meint, dass sich der Zweck des Spülkastens im 21. Jahrhundert jedem erschlossen hat und eine Gebrauchsanleitung nicht mehr unbedingt notwendig ist, liegt völlig falsch: Schilder, Comic-Plakate, 150 Dollar-Geldbußen – alles nutzlos. Also ließen die Verantwortlichen der Singapore Restroom Association kurzerhand Toiletten installieren, die nach einer für angemessen befundenen Zeit von selbst spülen, egal ob die Sitzung schon beendet ist oder nicht. Als selbstbestimmter, freiheitsliebender Europäer mit einem ausgeprägten Bedürfnis an »privacy« wünscht man sich, der Staat möge sich aus ein paar Bereichen doch bitte einfach heraus halten. Aber Singapurer Mikro-Management macht vor keiner Niederung Halt.

Manchmal allerdings kann man sich auch einer gewissen Rührung nicht erwehren. Zum Beispiel bei den mannshohen Schildern vor dem 4D-Kino auf der Freizeitinsel Sentosa, die davor warnen, dass man den Film womöglich nicht unbeschadet übersteht, falls man

- schwanger ist
- an erhöhtem Blutdruck leidet
- Rückenprobleme hat
- zu Schwindelanfällen neigt oder
- besoffen bzw. bekifft ist.

Wohlgemerkt sitzt man während der 20 Minuten bequem im Kinosessel.

Den bisherigen Gipfel an Fürsorge haben wir bei einem der letzten Geburtstage erlebt. Als wir die Alufolie vom Flaschenhals der Sektflasche entfernten, prangte uns auf dem Korken ein großer roter Warnhinweis entgegen: Vorsicht beim Öffnen der Flasche! Korken kann losgehen. Nach kritischem Abwägen der Gefahrenlage haben wir unseren Mut zusammengenommen und den Korken knallen lassen. Wie heißt es so schön: »No risk, no fun!«

Zwangsläufig hinterlässt diese Bevormundung auch ihre Spuren im selbstständigen Denkvermögen der Singapurer. Am deutlichsten wird das bei Taxifahrern. In aller Regel fahren diese ausschließlich nach Ansage des Fahrgastes. Elektronische Navigationsgeräte sind eine Seltenheit im sonst so modernen Singapur. Ohne vorher selbst den Weg zum Ziel nachzuschlagen, braucht man gar kein Taxi besteigen. Oft genügt es aber auch nicht, dem Taxifahrer grob die Route vorzugeben, Singapurer lieben das Detail. Dazu die folgende Episode, auf dem Nachhauseweg nach einem Konzertbesuch. Mein Mann nannte unsere Adresse.

Taxifahrer, *wie üblich*: »Which way?«
Mein Mann, *diesmal hat er es drauf ankommen lassen*: »Whatever is faster.«
Taxifahrer: »Don't know, which way. You tell me, I drive.«
Mein Mann: »Ok, we go by PIE *(eine Stadtautobahn in der Nähe)*.«
Taxifahrer: »Ok«, *fährt bis zur nächsten Kreuzung*
Taxifahrer: »Turn left or right?«
Mein Mann: »I don't know, you're the taxidriver, aren't you?«
Taxifahrer: »You tell me, I drive.«
Mein Mann, *entnervt*: »Ok then, turn right.«
Taxifahrer: »Ok, lah«, *biegt ab*. »But next time turn left! Four traffic lights here, much slower this way!«

Erzeugt der Staat möglicherweise jene Unmündigkeit selbst, die er seinen Bürgern unterstellt? Erstaunlich ist, dass die Verbraucher zwar offenbar vor dem Öffnen einer Sektflasche gewarnt werden müssen, die Regierung jedoch kein Problem damit hat, wenn die Bürger ihr gesamtes Vermögen einschließlich der Altersvorsorge verzocken. In diesem Zusammenhang wird »self reliance«, also Eigenverantwortung, groß geschrieben. Ein soziales Netz wie in Deutschland käme nie in Frage und wird im Wahlkampf auch explizit als abschreckendes Beispiel angeführt. Nach dem Motto: »Wollt ihr etwa auch so hohe Steuern zahlen wie die Deutschen?«

Kulturwissenschaftler beschreiben Asiaten als Risiko-Vermeider, die es sehr schätzten, alles unter Kontrolle zu haben. Vermutlich haben die Leute in diesem Teil der Erde einfach so genug von Überschwemmungen, Taifunen,

Tsunamis, Erdbeben, Dürren, Missernten und Krankheiten, dass sie, wenn irgend möglich, auf der sicheren Seite sein möchten. Durchaus verständlich. Indes: Macau ist die größte Spielerstadt der Welt – mit einem mehr als vier Mal höheren Umsatz als Las Vegas. Ein bisschen Nervenkitzel muss also wohl doch sein.

Und es wäre doch gelacht, wenn Singapur hier nicht aufholen könnte! Bislang herrscht ein noch etwas ambivalentes Verhältnis zum Glücksspiel. Spielbanken gibt es erst seit 2010. LKY hatte während seiner über 50jährigen politischen Tätigkeit keine Casinos zugelassen, wohl auch, weil er als Kind die Spielsucht seines Vaters miterlebt hat. Doch Lee Hsien Loong, LKY's ältester Sohn und jetziger Premierminister, konnte dem Lockruf des Geldes nicht widerstehen. Heute gibt es in Singapur zwei in imposante Hotelanlagen eingebettete Casinos, die jedoch nicht so heißen – das »C-Wort« vermeidet man tunlichst. Wegen der Singapurer Vorliebe von Akronymen heißen sie »IRs«, Integrated Resorts: Resorts World Sentosa auf Singapurs Vergnügungsinsel und MBS, das Marina Bay Sands, in dem wuchtigen Protz-Bau, der zu Singapurs Wahrzeichen erklärt wurde.

Die Casinos sind reine Goldesel, zumindest für den Staat. Darüber hinaus haben sie einen ganz neuen Wirtschaftszweig geschaffen: die »gamble councellours«, die Therapeuten für Spielsüchtige, die in Anbetracht der boomenden Nachfrage wie Pilze aus dem Boden schießen.

Natürlich kümmert sich der Staat auch hier darum, dass seine Bürger keinen Schaden nehmen. Damit sie nicht der

Spielsucht anheimfallen, zahlen Einheimische, anders als Ausländer, jedes Mal 100 Dollar Eintritt ins Casino, oder 2.000 Dollar für das Jahresabo. Nur, hält das wirklich einen Zocker ab, oder ist das eine nette zusätzliche Einnahmequelle für den Staat?

Außerdem gibt es eine Art Selbstbeschränkung. Gefährdete Spieler können sich selbst beim Casino melden, um die Anzahl ihrer Casino-Besuche auf maximal acht pro Monat begrenzen zu lassen. Weil dieses Angebot möglicherweise nicht von allzu vielen der geschätzt 6.000 finanziell gefährdeten Spieler wahrgenommen wird, wird auch der Familie des Spielers diese Möglichkeit eingeräumt, in Ausnahmefällen sogar einem Dritten. Um den Spielern ihren Spaß aber nicht ganz zu verderben, können sie immer noch Einspruch gegen die Besuchsbeschränkung erheben, wenn sie diese als zu hart empfinden. Singapur kann also auch sanft. Der Samthandschuh über der eisernen Hand.

Und schließlich gibt es nicht nur Plakat-Aktionen für Wohlverhalten im öffentlichen Nahverkehr, sondern auch für die Anschlussfinanzierung von Zockern. Werbetafeln an Bushaltestellen warnen diejenigen, die bereits alles verloren haben, davor, zwielichtigen *»ah longs«*, Kredithaien, ins Netz zu gehen. Auch hier genügt Vater Staat also seiner Fürsorgepflicht.

Plakat-Aktionen sind in Singapur ein nahezu zeitloses Phänomen. Bereits vor mehr als 100 Jahren wurde Singapurern auf diese Art das Spucken abgewöhnt, eine Umerziehung, die die Pekinger Behörden erst kurz vor der Olympiade 2008 in Angriff genommen haben. Seither ist das Spucken also auch dort verboten, und zwar durch Mund und Nase. Bis ich es zum ersten Mal gesehen habe – noch 2012 in Peking, denn liebgewonnene Sitten lassen sich eben so leicht nicht austreiben – war mir gar nicht bewusst, dass Letzteres technisch möglich ist. Doch es ist: Da der Chinese kein gutes Verhältnis zum Schnäuzen hat, macht er sich die Nase frei, indem er ein Nasenloch zuhält und durch das andere aus Leibeskräften schnaubt. So befördert er den Inhalt hinaus, im besten Fall auf die Straße und nicht auf einen Passanten.

In Singapur sieht man so etwas glücklicherweise kaum mehr, die Haltung gegenüber dem Taschentuch ist allerdings auch hier sehr reserviert. Selbst bei der stärksten Erkältung wird ein Singapurer nie ein Taschentuch benutzen. Und wehe, man bietet dem völlig verschnupften Nachbarn im Kino, der schon seit einer halben Stunden seine Nase hochzieht, ein solches an – damit outet man sich als kompletter Rüpel. Denn bei Chinesen gilt es als grob unanständig, sich in der Öffentlichkeit zu schnäuzen. In Bus, U-Bahn, Kino und Konzertsaal gehört deshalb gurgelnd bis in die Stirnhöhle hochgezogener Rotz zu den allgegenwärtigen Nebengeräuschen. Allerdings immer noch besser als auf die Straße zu schnäuzen.

Benimm und Etikette sind bekanntlich eine geradezu unerschöpfliche Quelle von Missverständnissen zwischen den Kulturen. Aber selbst wenn man um die anderen Sitten weiß, nicht immer schließt man sie auch ins Herz. Ich, zum Beispiel, werde weder von der Kassiererin im Supermarkt noch von sonst jemandem gerne »aunty«, also »Tantchen« genannt. Auch wenn das in China ein Ausdruck der Ehrerbietung ist. Ich weiß es. Ich mag es trotzdem nicht. Zum Glück gibt es eine Kassiererin im Fair Price, die mich immer »sister« nennt. Sie sieht ziemlich jung aus. Ich stelle mich jetzt immer an ihrer Kasse an.

Die Kommunikation im Lokal lässt ebenfalls Spielraum für Fehlinterpretationen. Die dem eingeschüchterten *ang mo* zugebellte Frage »You want beer or not?« ist, auch wenn es anders scheinen mag, in Wirklichkeit Ausdruck ausgesuchter Höflichkeit. Bei den Chinesen gilt es nämlich als unangebracht, sein Gegenüber allzu sehr in eine bestimmte Richtung zu drängen. Fragen werden im Chinesischen deshalb oft mit einem »oder nicht?« abgeschlossen. Da weiß man immerhin, dass man noch ein Bier haben kann, aber nicht muss.

Trotzdem sah sich die Regierung 1985 veranlasst, ihren Bürgern den Gebrauch von »Bitte« und »Danke« näher zu bringen und rief die Plakat-Aktion »Say please and thank you« ins Leben. Übrigens startet die chinesische Regierung jetzt, fast 30 Jahre später, ein ähnliches Unterfangen – zumindest für jene Landsleute, die als Touristen in anderen Ländern unterwegs sind und dort womöglich einen schlechten Eindruck hinterlassen. Wie würden Deutsche wohl auf ein Regierungsprogramm reagieren, das ihnen Manieren beibringen wollte? In Singapur ist alles möglich, auch die Gäste der Tagungen von Internationalem Währungsfonds und Weltbank 2006 mit »vier Millionen Lächeln« zu begrüßen. Andernorts ist man schon froh, wenn zu einem solchen Anlass keine Bomben hochgehen.

Man mag über die drakonischen Strafen für lässliche Sünden den Kopf schütteln und die »courtesy campaigns« belächeln. Tatsache ist aber, dass viele Singapurer geradezu unglaublich freundlich sind. Der alte Herr zum Beispiel, der tagein tagaus von morgens bis abends am Baustelleneingang an der Bukit Timah Road sitzt, wo demnächst eine neue U-Bahn-Station entstehen soll. Genau verstanden habe ich nie, worin seine Aufgabe eigentlich besteht. Vielleicht Passanten vor den ein- und ausfahrenden Lastern zu warnen. Viel hat er nicht zu tun, wenn er da angetan mit Leuchtweste und Gummistiefeln in Tropensonne und Baustellenstaub schmort. Dafür hat er für jeden Passanten, egal zu welcher Tageszeit er vorbeikommt, ein herzliches »good morning« übrig. Kann gut sein, dass diese zwei Worte das einzige sind, das er auf Englisch sagen kann. Durch seinen freundlichen Gruß und sein nettes Winken ist er bereits zu einer festen Institution geworden, mit der Folge, dass ich mir schon ernste Sorgen mache, wenn ich ihn einmal nicht an seiner üblichen Ecke antreffe. Bisher tauchte er zum Glück immer wieder auf.

Auch an der MRT-, also der U-Bahn-Haltestelle Farrer Road steht jeden Morgen ein älterer Herr, der allen – besser gesagt, jedem einzelnen – der morgenmüde sich zur Arbeit schleppenden Angestellten so überschwänglich einen guten Tag wünscht, dass man es tatsächlich schafft, sich dadurch gut gelaunt bis zur Mittagspause hinüberzuretten. Und es geht einem das Herz auf, wenn der indische Busfahrer jeden einzelnen Fahrgast beim Einsteigen mit einem blendend weißen Lächeln begrüßt, das im Kontrast zu seiner tief dunklen Haut noch ein bisschen strahlender rüber kommt.

Kann das echt sein? Ist diese Freundlichkeit »authentisch«? Oder gehört sie zur »job description«, deren Nicht-Erfüllen mit Stockschlägen geahndet wird? Seltsam abwegige Gedanken hier bei so viel Herzlichkeit – oder?

Wie schön jedenfalls, dass, wann immer ich etwas ratlos auf den Stadtplan geblickt habe, sofort ein Singapurer seine Hilfe angeboten hat. Von sich aus, unaufgefordert, schlicht hilfsbereit. Als wir kurz nach unserer Ankunft, eher Touristen noch als schon Expats, ganz selbstbewusst unserem vermeintlichen Ziel entgegengeschritten – den Stadtplan lässig zusammengefaltet unter dem Arm, denn schließlich waren wir schon seit 14 Tagen hier und kannten uns aus –, sprach uns ein junger Herr an, angetan mit Strassbrosche und Wimperntusche, und fragte uns, ob wir denn zum Zoo wollten. Da seien wir aber in der falschen Richtung unterwegs. Flugs übernahm er die Führung, gabelte noch zwei sich ebenfalls auf dem Holzweg befindliche Schweizerinnen auf, geleitete uns 15 Minuten lang zu Fuß durch die Hitze und machte sich schließlich wieder auf den Rückweg.

Ein anderes Mal nahmen wir ein Taxi, um zum »Parc Connector« zu gelangen, einem Weg, der Singapurs Parks miteinander verbindet. Allerdings wussten wir nicht ganz genau, wo der Einstieg in diesen Trail war. Wir hatten dem Taxifahrer anhand des Stadtplans erklärt, wo wir ungefähr hin wollten, aber als er uns abgesetzt hatte, kamen ihm wohl Zweifel, ob das stimmen konnte. Also stieg er noch einmal aus und konsultierte einen aufgestellten Lageplan. Noch unsicher, kramte er seinen eigenen Stadtplan hervor und versuchte, sich ein Bild der Lage zu verschaffen. Immer noch skeptisch, ob er seine Fahrgäste hier ihrem Schicksal überlassen könne, wartete er, bis schließlich zwei Leute des Weges kamen, die er fragen konnte. Erst als klar war, dass wir richtig waren, stieg er beruhigt in sein Taxi und fuhr davon.

Und noch eine herzerwärmende Geschichte: Eine deutsche Teenagerin, die Tochter von Bekannten, hatte sich in Singapur das Bein gebrochen. Naheliegenderweise verbot ihr der Arzt im Krankenhaus für die nächste Zeit jeden Sport. Die begeisterte Fußballerin brach in Tränen aus. Das rührte den Arzt so, dass er sie fragte, ob sie denn noch andere Hobbys habe. Ja, sie spiele Saxophon, meinte sie – woraufhin der Mediziner sie kurzerhand einlud, im Ärzteorchester mitzuspielen. Dort könnten sie noch eine gute Saxophonistin gebrauchen, Proben mittwochs und freitags, Konzert in zwei Wochen. Das Mädchen stimmte zu und gab mit ihrem Arzt und ein paar Dutzend anderer Doctores ihr erstes Konzert, in Singapur.

Ist das das Ergebnis staatlicher Erziehung? Oder hätten die Singapurer diese im Grunde gar nicht nötig? Eines ist jedenfalls sicher: Einem Ausländer in Deutschland wäre so etwas wohl eher nicht passiert.

Cu, lah!

Menschen werden leicht übermütig. Das war schon damals so, als sie versuchten, einen Turm bis in den Himmel zu bauen. Das konnte Gott nicht gefallen. Um sie wieder auf den Boden zu holen, strafte er sie mit der seither sprichwörtlichen babylonischen Sprachverwirrung. Jeder sprach fortan in einer anderen Zunge, keiner verstand mehr den anderen und schließlich mussten sie das Projekt aufgeben.

Vielleicht hat Singapurs Regierung die Höhe der Wolkenkratzer deshalb bisher noch auf 280 Meter begrenzt? Singapur ist nicht Babel, der Bauordnung sei Dank, aber auf die gut fünf Millionen Einwohner gerechnet bringt es dieser »little red dot« trotzdem auf eine ganz beträchtliche Palette an Idiomen.

Zum einen ist dies der Tatsache geschuldet, dass in Singapur mehr als zwei Millionen Ausländer leben: Expats und Permanent Residents aus der reichen Welt von Abu Dhabi bis Zürich, Bauarbeiter und Hausmädchen aus der anderen, aus Bangladesch, Myanmar, Indonesien oder von den Philippinen. Jeder, der kommt, bringt seine Sprache und seinen Dialekt mit, insgesamt Dutzende, wenn nicht Hunderte.

Dabei hat schon Singapur selbst sprachlich einiges zu bieten. Der Inselstaat ist von Amts wegen quadrilingual. Gemeinhin kann man bereits mit dem Attribut »bilingual« ganz gut Eindruck schinden, aber Singapur setzt noch zwei drauf: Die vier Amtssprachen sind Englisch, Mandarin, Malaiisch und Tamil.

Auch wenn es nur wenige gibt, die genau diese Sprachkombination sprechen, sind doch Ehrfurcht gebietend viele Singapurer tatsächlich quadri- oder sogar noch multi-lingualer. Das ist den zahlreichen »Dialekten« zu verdanken, die häufig so unterschiedlich wie verschiedene Sprachen sind. Aber beginnen wir bei den offiziellen Sprachen:

Tamil ist eine der 22 offiziellen und mehreren Hundert inoffiziellen Sprachen Indiens, und bei weitem nicht die einzige indische, die in Singapur zu hören ist. Da ohnehin nur knapp jeder zehnte Singapurer indischer Abstammung ist, ist Tamil die vergleichsweise seltenste Amtssprache, dafür allerdings die hübscheste.

ஆபத்து, so liest sich das profane »Achtung, Gefahr« auf Baustellenschildern. Sehen die Buchstaben nicht aus wie tanzende Schlangen, vom Flötenspiel eines Fakirs aus ihrem Korb gelockt? Oder, etwas prosaischer, wie Variationen das kleinen lateinischen »a«? Genauso hört sich Tamil jedenfalls an: wie ein Singsang aus »a« und italienisch gerolltem »r«, jedes Wort ein Zungenschmeichler.

Der Anteil der Malaien liegt nicht viel höher, derzeit bei 13 Prozent. Weil sie die ursprüngliche Bevölkerung Singapurs darstellten, ist Malaiisch Singapurs Nationalsprache. Die

Hymne *Majulah Singapura* wie auch die Befehle auf dem Kasernenhof werden in dieser Sprache geschmettert.

Malaiisch ist auch noch immer die Sprache der Märkte. Temasek, die "Stadt am Meer", wie Singapur ursprünglich hieß, war viele Jahrhunderte lang vor allem eines: ein Treffpunkt für Händler aus Ost und West, verkehrsgünstig gelegen am südlichsten Zipfel der geschützten Meerenge von Malakka. Mit den Monsunwinden vom Nordosten kamen die Chinesen, mit den Südwestwinden Inder und Araber an diesen Knotenpunkt des frühen Welthandels. Weitere Kaufleute stießen von den südostasiatischen Inseln und vom Festland hinzu. In Malakkas Hafen, dem Singapur bald den Rang ablief, konnte man in seinen goldenen Zeiten im 16. Jahrhundert 84 Sprachen hören. Malaiisch war die lingua franca, um bei Geschäftsverhandlungen auf einen gemeinsamen Nenner zu kommen.

Später jedoch verlor Malakka an Bedeutung gegenüber dem Emporkömmling Singapur, das vom Briten Stamford Raffles 1819 zum Freihafen erklärt worden war. Englisch begann sich durchzusetzen im Völkergemisch der Insel und ist heute die am häufigsten genutzte Sprache in Singapur. Trotzdem, auf dem *wet market* bestellen Singapurer ihre Einkäufe immer noch auf Malaiisch, egal welcher Abstammung sie sind.

Die malaiische Sprache wurde beeinflusst durch Sanskrit, Javanesisch und Arabisch, ihre ursprünglich islamische Schrift war Jawi. Malaiisch ist eng verwandt mit dem Indonesischen, hat wegen der Gebietsaufteilung der Kolonialmächte aber mehr Einflüsse aus dem Englischen, während

Indonesien eher niederländisch geprägt ist. Westler haben es mit diesen Sprachen relativ leicht, da sie ihre heutige lateinische Schrift nicht nur lesen, sondern sogar aussprechen können. Fast scheint es eine Lautsprache zu sein. Das malaiische *Bas* heißt Bus, *Polis* ist Polizei. Es könnte auch eine Geheimsprache sein, die sich Kinder am Lagerfeuer ausgedacht haben. *Tak nak* heißt »nein danke«, *sama sama* »bitte, gerne«, *susu* »Milch«. Ihr vokalischer Klang und der Verzicht auf unnötige Grammatik machen die Sprache sehr sympathisch. Tempi gibt es nicht. Um den Plural zu bilden wiederholt man einfach das Wort. Ein Kind heißt *kanak*, mehrere Kinder entsprechend *kanak kanak*. *Jalan* heißt »Straße«, was man anhand der Straßenschilder in Singapur schnell mitbekommt, *jalan jalan* »Straßen« im Plural, aber auch »gehen«. Denn was macht man anderes mit Straßen, als sie entlangzugehen?

Nasi Goreng kennen manche vielleicht noch vom »Dr. Oetker«-Fertiggericht, das in den 1980er Jahren Einzug gehalten hat in deutsche Tiefkühltruhen. *Nasi* ist Reis, ungefähr jedes zweite Gericht im Hawker Center dementsprechend irgendein Nasi. *Goreng* heißt gebraten. Natürlich gibt es nicht nur gebratenen Reis, sondern auch *nanas goreng*, gebratene Ananas oder *pisang goreng*, gebratene Banane. Köstlich und bei Heimweh als Ersatz für Apfelkücherl sehr zu empfehlen.

Alles andere als anheimelnd ist allerdings ein malaiisches Wort, das sich um den gesamten Erdball verbreitet hat: *amok*, der Blutrausch, in dem Malaien, wie schon in den 1860er Jahren dokumentiert, brutal und willkürlich Passanten in den belebtesten Geschäftsstraßen Singapurs abgestochen haben. Kein Wunder, dass Raffles ein Verbot der *kris*, der traditionellen Dolche, durchsetzen wollte, von denen Malaien damals bis zu drei Stück am Leib trugen. Sein Ansinnen traf jedoch auf heftigen Widerstand in seinem lokalen Beraterstab. Ohne *kris* fühle sich ein Malaie nackt, nicht einmal ins Bett gehe er ohne Dolch. Als jedoch William Farquhar, sein Statthalter mit einem *kris* attackiert wurde, statuierte Raffles ein Exempel. Er ließ den Leichnam des malaiischen Attentäters durch die Stadt schleifen und überließ ihn dann in einem eigens für diesen Zweck gebauten Käfig drei Tage lang, öffentlich zur Schau gestellt, der Verwesung.

Die über Jahrhunderte vorwiegend malaiische Hafenstadt zog unter britischer Herrschaft viele Einwanderer aus den südlichen Provinzen Chinas an: Kulis, aber auch Händler, die erkannten, dass sich hier gute Geschäfte machen ließen. Wie im übrigen Reich der Mitte werden auch in den südlichen Regionen verschiedene Dialekte gesprochen. Der Begriff »Dialekt« ist dabei etwas kurz gegriffen, denn die häufigsten Idiome in Singapur Hokkien, Tiochiu, Kantonesisch, Hakka und Hainanesisch sind so unterschiedlich, dass man im Vergleich dazu meinen könnte, Plattdüütsche und Niederbayern sprächen mit einer Zunge.

Diese verschiedenen chinesischen Sprachen lebten in Singapur bis in die Moderne weiter. Sie wurden in den von den Immigranten gegründeten Clan-eigenen Schulen unterrichtet, von denen man in Chinatown heute noch einige besichtigen kann. Vor 30 Jahren noch sprachen 80 Prozent aller Singapurer Chinesen zu Hause einen der zahlreichen Dialekte ihrer Vorfahren. Und meist nicht nur einen. Oft stammten die Familien von Mutter und Vater aus verschiedenen Regionen, weshalb Eheleute und Kinder mindestens zwei verschiedene regionale Sprachen beherrschten.

Diese Sprachenvielfalt ging so weit, dass sich selbst die Chinesen in Singapur nicht ohne weiteres miteinander verständigen konnten. Deshalb führte der damalige Premierminister Lee Kuan Yew 1979 Mandarin als chinesische Hochsprache ein. Seine »Speak Mandarin Campaign« sollte die verschiedenen Gruppierungen innerhalb der chinesisch-stämmigen Bevölkerung stärker einen und den Singapurern gleichzeitig die sprachlichen Voraussetzungen für eine profitable Zusammenarbeit mit der aufstrebenden Supermacht verschaffen.

Außerdem behielt LKY Englisch, die Sprache der Kolonialherren, auch nach Singapurs Unabhängigkeit von der englischen Krone bei – aus gesellschaftlichen wie wirtschaftlichen Überlegungen. Zum einen war es eine »neutrale« Sprache, die weder Chinesen noch Malaien oder Tamilen bevorzugte. Zum anderen war und ist es die dominierende Weltsprache in Wirtschaft und Wissenschaft.

Der Schulunterricht in Singapur findet deshalb auf Englisch statt. Im Kindergarten und in der Grundschule wird zusätzlich einige Stunden pro Woche die Muttersprache gelehrt. Die »Muttersprache« ist dabei allerdings erstens nicht die Sprache der Mutter, sondern die des Vaters, und zweitens entweder Malaiisch, Tamil oder Mandarin. Die Dialekte der Vorväter werden zum Bedauern einiger Traditionalisten nicht mehr unterrichtet und in Singapur über kurz oder lang verschwinden.

Die Strategie, auf gute Ausbildung zu setzen und die Kinder schon von klein auf die Weltsprachen der Zukunft, Englisch und Mandarin, lernen zu lassen ist bestechend. Praktisch führt sie aber dazu, dass Kinder chinesischer Herkunft, deren Eltern einen anderen Dialekt sprechen, auf diese Art schon im Kindergarten zwei Fremdsprachen lernen müssen. Und zwar sowohl das Sprechen als auch das Lesen und Schreiben. Bis zur Einschulung mit spätestens sieben müssen die Kinder 100 Zeichen in Mandarin können. Deutsche Kindergärtnerinnen haben schon Mühe, den Vorschulkindern das Schleifebinden beizubringen. Kein Wunder, dass in Singapur bereits Kindergartenkinder mit Nachhilfe traktiert werden.

Für Touristen und Expats hat Englisch als Hauptsprache den unschlagbaren Vorteil, dass man in Singapur so leicht zurechtkommt, wie sonst nirgends in Asien. Allerdings erkennt man das hier gesprochene Englisch nicht immer auf den ersten Blick als solches. So hat es auch mich einige Fahrten gekostet, bis ich gemerkt habe, dass die Taxifahrer in Wirklichkeit gar keine Selbstgespräche auf Chinesisch führen, sondern sich auf »Englisch« mit mir unterhalten wollten.

Englisch in Singapur hat eine eigene Qualität, und sogar eine eigene Bezeichnung: Singlish. Wenn man sich einmal reingehört hat, ist Singlish eine durchaus pragmatische Herangehensweise an die Weltsprache Englisch. Es kommt ohne lästige Grammatik aus, Artikel, Konjugationen, Plural oder Zeiten gibt es nicht, der letzte Buchstabe wird ohnehin verschluckt. Man muss sich nicht mühen, das »th« zu lispeln, »drei Bäume« werden schlicht »tree tree« ausgesprochen. Die Satzstellung ist wie im Chinesischen immer die gleiche, egal ob Aussage oder Frage. Wenn der Singapurer sichergehen will, dass er eine Antwort erhält, schiebt er ein »is it?« nach, das den Satz als Frage kennzeichnet. Um eine länger andauernde Handlung auszudrücken, wird das Verb wiederholt, so oft es eben inhaltlich angezeigt ist, etwa: »If you donno, you better go and tink tink«, oder aber: »I sit and tink, tink, tink, but I still got no answer.«

»Ja« ist auf Singlish *can*, »nein« entsprechend *cannot* – eine direkte Übersetzung aus dem Chinesischen: *keyi* und *bu keyi*, »können« und »nicht können«. Denn im Reich der Mitte kennt man kein einfaches »ja« oder »nein«. Als bejahende Antwort wird das Verb noch einmal wiederholt, andernfalls entsprechend verneint. Ansonsten ist Singlish eine Verdichtung auf das Wesentliche.

»No stock« ist die Standard-Antwort, egal wonach man in egal welchem Laden fragt. Wenn man sich nicht abwimmeln lässt und nach Westler-Manier insistiert, schwenkt die Lethargie des Verkaufs-Personals meist unerwartet um in verbales Großkaliber: »I'll doublecheck for you.« Wie sehr wünschte man sich, die Dame hinter dem Tresen würde schlicht und einfach *ein* Mal nachfragen, dann womöglich aber auch die richtige Person. Aber nein. Extra doublegecheckt, trotzdem no stock. Hat sie doch gleich gesagt! Eigentlich hätte man es wissen müssen. Wenn sie das ersehnte Teil tatsächlich noch auftreiben würde, verlöre sie wegen ihrer offensichtlich inkorrekten ersten »No stock«-Auskunft das Gesicht. Das Insistieren und den »doublecheck« kann man sich und der Verkäuferin also ersparen.

Nicht umsonst ist Effizienz Singapurs höchstes Gebot, dem auch durch knappes Haushalten mit dem Sprachschatz entsprochen wird. Die Sprechstundenhilfe fragt: »Tomorrow, you what time can?« Und die Klimaanlage wird mit den Worten erklärt: »Here you can on and off the air con«. Nicht ganz Oxford English Grammar, aber prägnant, knapp und klar.

Der Hang zu KISS, »keep it short and simple«, schreit allerdings geradezu nach einem Kontrapunkt, einem diesen linguistischen Minimalismus ausgleichenden Sprachschnörkel. Dazu hat der Singapurer »lah«, eine Silbe, die die »locals« scheinbar beliebig in die Konversation einstreuen (leider inzwischen auch schon unsere Kinder). Das Phänomen scheint sprachwissenschaftlich noch nicht vollständig ergründet. Manche halten »lah« schlichtweg für verbalisierte Interpunktion, was seinen gehäuften Gebrauch nach halben oder ganzen Sätzen erklären würde. Andere schreiben dem Partikel eine gewisse Bekräftigung des Gesagten oder sogar impliziten Aufforderungscharakter zu. Vielleicht hat sich diese stilistische Blüte aber einfach nur als Singapurs Markenzeichen verselbstständigt. Obwohl ja nur mehr Fingerarbeit, wird »lah« – allem Effizienzstreben zum Trotz – selbst in sms'en oder E-Mails mitgetippt: »Bis die Tage« ist »cu, lah«, auch bei Singapurern, die lange in den USA studiert haben. Da ja »see you« abgekürzt wird, ist per Saldo immer noch ein Buchstabe gespart.

Neulich – und nur für kurze Zeit – fanden sich an den Drückern der Fußgängerampeln Aufkleber, die die Wartenden dazu anhielten, nicht überflüssigerweise mehrmals auf den Knopf für das grüne Männchen zu drücken, um ich-weiß-nicht-was einzusparen. Der Hinweis las sich: »Press only once can already«. Ich, amüsiert und stolz, dass ich verstand, fühlte mich fast schon einheimisch und freute mich über dieses nette Lokal-Kolorit. Aber nichts da, die Aufkleber waren schon nach wenigen Tagen wieder abgekratzt. Denn – wie für so vieles andere – gibt es derzeit unter anderem die Kampagne »Speak good English«, der diese Formulierung wohl etwas entgegenlief.

Expats

Firmen, die ihre Mitarbeiter als »expatriates«, kurz »Expats«, für einige Zeit ins Ausland schicken, kompensieren die Unannehmlichkeiten, die diese in der Fremde erleiden, in der Regel in cash. Nicht jeder zöge für seinen Arbeitgeber ohne finanziellen Anreiz, sagen wir, in die Mongolei. Für Singapur gibt es keine Härtezulage. Die Firma meines Mannes schätzt die mit Singapur verbundene Unbill gleich ein wie einen Umzug nach Österreich oder in die Schweiz. Durchaus schmeichelhaft – für unsere lieben Nachbarn.

Schon zu Kolonialzeiten ließen es sich die Europäer in Singapur gut gehen. Der Arbeitstag begann um zehn Uhr und endete um halb fünf. Dazwischen gönnte man sich eine ausgedehnte Mittagspause, in der zur Abwehr der Mücken gerne auf das Wundermittel Gin Tonic zurückgegriffen wurde. Ihre üppige Freizeit verbrachten die Europäer bei Cricket, Tennis, Rugby und Pferderennen. Auch wenn ein britischer Abenteurer des 19. Jahrhunderts berichtete, die Hitze in den Tropen sei nicht auszuhalten und die Moskitos schier unerträglich, so schickte er doch gleich hinterher, dass es trotzdem allemal besser sei als ein Sonntagnachmittag in England.

Nach wie vor sind die Widrigkeiten, mit denen man hier zu kämpfen hat, überschaubar und zum großen Teil der

Tierwelt zuzuordnen. Vor dem Frühstück öffne ich hier Schranktüren deutlich zaghafter als in der Heimat. Nach ein paar unliebsamen Überraschungen spähe ich lieber erst einmal vorsichtig in den Schrank, bevor ich hineingreife. Nicht dass ich just die Tasse erwische, aus der mir die heutige Kakerlake ihre Fühler entgegenstreckt. Auch empfiehlt es sich, erst einmal kräftig auf die Teller zu klopfen, bevor man sie aus dem Schrank hebt. Ansonsten kann es leicht passieren, dass aus dem Stapel Porzellan Grottenolm-farbene Albino-Geckos herausgeschossen kommen und man vor Schreck alles fallen lässt. Jetzt noch die nächtlichen Echsen-Köttel auf dem Tisch wegputzen und die Nutella auf die Schüssel-in-Schüssel-Konstruktion stellen, dann können alle zum Frühstück kommen.

Das erwähnte Schalen-Gebilde dient dazu, alles, was aus Sicht einer Ameise nur entfernt an Essen erinnert, aus ihrer Reichweite zu bringen. Ansonsten kommt in Singapur zur Aufbewahrung nur der Kühlschrank in Frage, in den alles gestopft wird, was nicht doppelt vakuumverpackt ist. Schränke bieten keinerlei Schutz vor Ameiseneinfall, selbst die Mikrowelle, in der wir anfangs unser Brot lagerten, wurde im Sturm eingenommen. Und da man nicht einmal während eines zehnminütigen Blitzfrühstücks die Nutella auf den Tisch stellen kann, ohne Legionen von Kriechtieren anzulocken, mussten wir uns etwas einfallen lassen. Besser gesagt, wir haben uns das Schüssel-in-Schüssel-Prinzip einfach abgeschaut, von den Peranakan. Peranakan sind die Nachfahren chinesischer Auswanderer, die sich im 15. und 16. Jahrhundert an der malaiischen Küste niedergelassen haben und – da Chinesinnen ihr Land lange Zeit nicht verlassen durften – mit einheimischen malaiischen Frauen neue Familien gegründet haben. Diese, die praktisch veranlagten *nonyas*, sicherten ihre Lebensmittel vor Insekten, indem sie ihre Küchenanrichte in Schüsselchen stellten, die sie wiederum in größeren, mit Wasser gefüllten Gefäßen platzierten. Durch den so entstandenen Wassergraben zwischen den Schüsseln war das Essen auf dem Küchenbüffet vor den Invasionen der Ameisen geschützt. Dieses Prinzip funktioniert bei Einbauküchen leider nicht mehr, aber für wirklich unverzichtbare Lebensmittel lohnt auch ein improvisierter Aufbau auf dem Esstisch.

Abgesehen von den etwas aufwändigeren Frühstücksvorbereitungen hat sich unser Leben durch das Expat-Dasein nicht wesentlich geändert. Gut, wir haben jetzt Tennisplatz und Swimming-Pool vor der Türe, das gehört quasi zur Basisausstattung der »Condos«. Diese »Condominiums« (lateinisch für »zusammen wohnen«) sind im Vergleich zu den staatlich bezuschussten, oft an Plattenbauten erinnernden HDB-Wohnungen (von Housing Development Board) meist schicker und immer teurer, deshalb nur erschwinglich für gut betuchte Singapurer und Ausländer, denen der Arbeitgeber einen Mietzuschuss zahlt. Bis auf die Tatsache, dass unsere achtjährige Tochter jetzt Pool-Parties statt Kindergeburtstag feiert, sind wir also auf dem Teppich geblieben.

Etwas allerdings ist wirklich anders: die Elternabende. Im herbstlichen Deutschland meist ein trostloser Anblick: Abgehetzte Eltern, die sich gerade noch durch den Dauerregen gekämpft haben, kauern unter gnadenlosem Neonlicht eingemummelt bis unter die rote Schnupfennase auf wadenhohen Kinderstühlen. Anders in Singapur: Hier wurden wir zum ersten Elternabend in die Pool-Bar des Swiss Club geladen. Dorthin gelangt man nach Passieren der Schranke über einen schmalen Pfad, der rechts neben der Kiesauffahrt zwischen Heliconien und Bananenstauden hinunter zur Poollandschaft führt. An der Bar nebenan, unter dramatisch beleuchteten Palmen, plaudern paillettenbesetzte Mütter mit dem Lehrer bei einem Mai Tai darüber, welche Tribünenplätze man sich für das bevorstehende Formel 1-Spektakel gesichert hat.

Ja, etwas anders ist das Expat-Leben doch. Sechsjährige bekommen für gute Noten von ihren Eltern ein iPad als Belohnung. Statt Pausenbrot ist Sushi in der Brotzeitbox. Und zur Kommunion gibt es Silberbesteck, Perlenkette und einen Termin bei der Pediküre. »Playdates«, also Verabredungen zum Spielen, werden in der Regel Wochen, wenn nicht Monate vorher vereinbart – zwischen den Müttern, versteht sich. Denn mal eben schnell vorbeischauen, ob die Freundin zu Hause ist, macht hier so gut wie niemand. Die meisten Kinder haben ohnehin kaum mehr einen »slot«. Durch etliche erfolglose Versuche unserer Tochter, ihre achtjährige Freundin von nebenan zu besuchen, haben wir ziemlich schnell Einblick in deren Terminkalender erhalten: montags Klavier, dienstags Schwimmunterricht, mittwochs Yoga, donnerstags »playdates« theoretisch möglich – im nächsten Quartal ist allerdings leider nichts mehr zu machen … –, freitags Ballett, samstags Hausaufgaben und Zehnfinger-Tipp-Übungen, sonntags noch mal Ballett und Turnen.

Durch und durch bodenständig und Direktimport aus Deutschland, waren wir sozusagen die Exoten unter den

Expats. Deshalb stand ich Neuankömmling in unserer ersten Woche beim üblichen Konversationseinstieg mit einer Profi-Expat-Frau auch etwas auf dem Schlauch:

Sie: »Und, wo kommt ihr her?«
Ich: »Aus Deutschland.«
Sie: »Und wo kommt ihr jetzt her?«
Ich: »Na, aus Deutschland.« *(hab ich doch gerade schon gesagt)*
Sie: »Ach, dann ist das eure erste Auslandsstation.« *(gähn)*
Ich: *der Groschen fällt; verschämt:* »Ja, die erste. Und wo wart Ihr schon so?«
Sie: »Also, zuletzt in Shanghai, davor in Hongkong, Dubai, New York und London. Du, ich muss jetzt leider …

Auch unsere Tochter machte an ihrem ersten Schultag Bekanntschaft mit der Lebensweise der »third generation«, die überall und nirgends zu Hause ist. Völlig perplex erzählte sie mir, dass ihre Banknachbarin nicht sagen konnte, wo sie herkommt. Naja, gelebt hat sie schon in Italien, England, Japan und jetzt eben Singapur. Aber was sie ist, wo ihre Wurzeln liegen? Fehlanzeige.

Insofern ist das Logo der deutsch-europäischen Schule gut gewählt. Es stellt die schwingenförmige Blätterkrone der »Palme der Reisenden« dar und bringt auf den Punkt, dass Kinder beides brauchen: Wurzeln und Flügel.

Das Gute ist, dass jeder Expat die Erfahrung des Neuankommens selbst schon mindestens einmal gemacht hat.

Deshalb ist ein Neuanfang in Singapur fast leichter als ein Umzug innerhalb Deutschlands. Die »alteingesessenen« Expats sind meist sehr herzlich, offen, hilfsbereit und die Kinder werden vom ersten Tag an auf Dutzende von Geburtstagsfeiern eingeladen.

Manche allerdings haben auch die Nase voll vom dauernden Wechsel. Denn mit jedem, der kommt, geht natürlich auch wieder ein anderer. Dieses dauernde Kommen und Gehen kann für diejenigen, die bleiben, ganz schön anstrengend sein. Verständlich, dass einige sich nicht ständig auf neue Bekanntschaften einstellen wollen, die dann ohnehin nach ein paar Jahren wieder weiterziehen.

Andersherum gibt es natürlich genauso Neuankömmlinge, die schon in so vielen verschiedenen Gegenden gelebt haben, dass sie genug davon haben, sich auf immer neue Länder, Sprachen und Gewohnheiten einzulassen. Eine reisemüde Deutsche erzählte, dass sie nach etlichen Stationen in westlichen Ländern richtiggehend froh war, in Singapur so ganz offensichtlich nicht dazuzugehören. Während sie in Europa oder in den USA immer unter einem gewissen Assimilierungsdruck stand, denn man hatte ihr nicht angesehen, dass sie eine »Fremde« war, ist in Singapur schon rein optisch klar, dass sie »anders« ist. Hier kann sie sich ganz in ihren deutschen Kokon zurückziehen und muss sich aus dem – immerhin – Schweizer Club nicht herausbewegen.

Viele »expat wives« haben mit ihrer Ankunft in Singapur ihren Beruf an den Nagel gehängt. Oder bereits davor, wenn Singapur nicht die erste Auslandsstation war. Je häufiger das Paar oder die Familie den Ort wechselt, desto schwieriger wird es für den begleitenden Partner, sich immer wieder um neue Stellen zu bewerben. In Singapur kommt hinzu, dass die »Singaporeans first«-Politik Einheimische gegenüber Ausländern auf dem Arbeitsmarkt bevorzugt. Ehrlicherweise arbeiten aber auch viele Expat-Frauen deshalb nicht, weil der Urlaub bei einer lokalen Anstellung im Vergleich zur üppigen Ausstattung deutscher Verträge doch eher spärlich ausfällt. Da die wenigsten Frauen gerne ins Büro gehen, während der Gatte mit den Kindern Urlaub auf der nächsten Tropeninsel macht, führen sie ein Leben als Hausfrau. Mit einigen wenigen Ausnahmen, wo beide arbeiten oder »sie« als Expat nach Singapur entsendet wird und ihr Mann »mitkommt«, herrscht hier also die Rollenverteilung der 50er Jahre. Und das hat in Singapur noch andere Folgen:

Allein die Erwähnung des Umstands, dass Frauen in Deutschland seit über 50 Jahren ihr eigenes Bankkonto eröffnen können, wirkt für uns völlig antiquiert. Im sonst so fortschrittlichen Singapur herrschen dagegen noch andere Zeiten. Hier sollten sich Expat-Gattinnen, die ihren Job aufgegeben haben, bewusst sein, dass sie alleine weder Handy, Internetanschluss noch Bankkonto bekommen – und in dieser Welt also ohne Mann schlicht nicht überlebensfähig sind. Quasi um ihre Abhängigkeit amtlich zu bestätigen, erhalten die Ehefrauen einen »dependant pass«, der sie als Beiwerk ihres Mannes zum Aufenthalt berechtigt – im Expat-Jargon ist das der »Deppen-Pass«.

Die müßiggehenden Frauen scheinen sich ihrer Dolce vita von Gattens Gnaden bewusst zu sein. Deshalb wird nicht nur viel Geld und Liebe in ein behagliches Zuhause gesteckt – schließlich sind die *expat wives* auch deshalb willkommen, weil sie Singapurs Bruttoinlandsprodukt gehörig ankurbeln –, sondern auch viel Schweiß und Mühe ins eigene Äußere. Denn die Konkurrenz in Form von zwanzigjährigen Size-Zero-Asiatinnen schläft nicht.

Das deutsche Klima ist gnädig, hier kann man sich praktisch ganzjährig in lange Gewänder hüllen, die die Gallertmassen an Armen, Bauch und Po geschickt umspielen. In Singapur dagegen gibt man sich in Tank Top und Hot Pants die Blöße. Bei ungünstigem Licht wird nicht selten die Notwendigkeit körperlicher Ertüchtigung erschreckend evident. Hinzukommt, dass liebgewonnene Ausflüchte (»Das Sportstudio ist aber jetzt gar nicht auf meinem Weg«, »Beim Schwimmbad bekommt man nie einen Parkplatz« etc.) auch bei großzügiger Auslegung nicht wirklich stichhaltig sind. Hier ist alles in einer geradezu aufdringlichen Nähe. Vor der Haustüre. Ein Leben umzingelt von Pool, Tennisplatz und Fitnessraum.

Also rafft man sich auf und geht hin und wieder zum Tennisspiel. In unserem Fall fährt man dazu mit dem Lift in die Garage hinunter. Es wird warm. Läuft 100 Meter am Pool vorbei. Erste Schweißperlen bilden sich. Biegt hinter der letzten Palme nach links. Es tropft von der Stirn. Erklimmt drei Stufen und stößt mit letzter Kraft die Türe zum Tennisplatz auf. Jetzt erst einmal einen großen Schluck trinken, durchgeschwitzt wie nach fünf Sätzen.

In den Tropen duscht man – vor, statt und nach dem Sport – trocknet sich ab, und ist Sekunden später schon wieder klatschnass. Die ersten Male bekam ich es mit der

Angst zu tun. Ich habe mich doch eben abgetrocknet, oder etwa nicht? Ist das Alzheimer? Nein, zum Glück nur das Singapurer »Nach-Schwitzen«.

Großer Beliebtheit erfreut sich auch Yoga. Jede zweite Expat-Frau lässt sich zur Yoga-Lehrerin ausbilden und braucht entsprechende Mengen an Opfern, an denen sie ihre Künste ausprobieren kann. Folglich drücken sich praktisch permanent alle »trailing spouses« gegenseitig in den abwärtsschauenden Hund. Ein besonders schönes Ambiente dafür, zumindest in der Variante »hot yoga«, bietet der Botanische Garten. Inmitten tropischer Vegetation wird das linke Bein über die rechte Schulter gelegt, das rechte um die Taille geworfen, und ganz entspannt atmend blickt man dabei auf den See, auf dem schwarze Schwäne zwischen Lotusblüten dahintreiben, und Schildkröten sich auf Baumstümpfen sonnen. Fast schon Nirwana! Etwas störend nur die Touristen, die uns ständig fotografieren. Wir verschwitzten, uns verbiegenden Langnasen müssen einen ganz besonderen Liebreiz an uns haben. Von der Tai Chi Gruppe nebenan machen sie jedenfalls kein einziges Foto.

Haushaltshilfe, garantiert unter 1,50 Meter

Morgens, kurz nach sieben. Ich stehe mit anderen Müttern und Kindern am Straßenrand, wir warten auf den Schulbus. Da fällt meiner Nachbarin auf, dass ihre Tochter noch Reste des Frühstücks um den Mund verteilt hat. Auf die entsprechende Vorhaltung entgegnet die Zweitklässlerin voller Unschuld: »Da kann ich nichts dafür. Die Maid hat vergessen, mir das Gesicht zu waschen!«.

Singapurs Konzept der »live-in maids«, also der beim Arbeitgeber wohnenden Hausangestellten, ist für Westler zumindest ungewohnt. Und es spaltet Expats wie kaum ein anderes Thema:

Die einen *expat wives* stehen zu den Annehmlichkeiten, die es mit sich bringt, rund um die Uhr eine Hausangestellte bei sich zu haben, die einkauft, kocht, putzt, wäscht und die Kinder bespaßt. Das lässt einem mehr Zeit für Yoga, Maniküre und balinesische Massage, und am Abend kann man nett weggehen, ohne am nächsten Morgen selbst die Kinder zum Schulbus runterbringen zu müssen.

Am anderen Ende des Spektrums sind die Neulinge aus dem Westen, entsetzt über diese moderne Form der Sklaverei, in der mehr als 200.000 FDWs (»Foreign Domestic

Workers«) in Singapur leben. Oft lassen diese ihre eigenen Kinder schon im Alter von nur wenigen Monaten in ihrem Heimatland, in Indonesien, auf den Philippinen, in Sri Lanka oder Myanmar zurück, um die Kinder ihrer Arbeitgeber zu hüten. Wenn sie wieder nach Hause kommen, erkennen ihre Söhne und Töchter sie nicht mehr. Haben die Kleinen Glück, sind sie bei den Großeltern untergebracht. Allzu häufig aber bei einem Ehemann, der das nach Hause geschickte Geld versäuft oder verspielt.

Zwischen diesen Extremen steht das Grüppchen der von unterschwelligen Gewissensbissen Geplagten, eine Freundin von uns gehört zu dieser Kategorie. So ganz wohl scheint sie sich in ihrer Haut nicht zu fühlen als Herrschaft. Sei es wegen der Bedingungen, unter denen die Angestellte bei ihr wohnt, sei es wegen des unverschämt süßen Nichtstuns, dem sie sich in Singapur hingibt. Eigentlich hat sie auch nur eine Helferin, um ihrer Nachbarin einen Gefallen zu tun. Schließlich musste diese mit ihrem Mann wieder weiterziehen ins nächste Land und deshalb ihre Maid irgendwo unterbringen. Und sicher würde es dem Mädel nirgends so gut gehen wie eben bei der Freundin. Da ist man halt nicht so, Ehrensache …

Ein Kulturschock ist es für die jungen Frauen allemal, wenn sie aus armen Verhältnissen und dörflicher Umgebung in den Großstadtdschungel Singapurs verpflanzt werden, oft sogar mit fatalem Ausgang: andere Sprachen, anderes Essen, andere Sitten, andere Geschwindigkeit, unbekannte elektronische Geräte, viel Verkehr, Bürokratie und eine gänzlich andere Bauweise. Hochhäuser kennen die wenigsten. Immer wieder stürzen Maids beim Fensterputzen oder Wäscheaufhängen in den Tod. Nicht alle Stürze sind Unfälle.

Untergebracht sind die Helferinnen in einem »maid's room« neben der Küche, zu dem auch WC und Duscharmatur gehören. So müssen sich Herrschaft und Personal nicht dieselbe Kloschüssel teilen. Dieses Kabuff misst in unserer Wohnung exakt 2,66 Quadratmeter. Es passt nicht einmal ein normales Bett hinein. Aber schließlich verlangt der zarte Körperbau der FDW's auch kein Erwachsenenbett, ein Kinderbett tut es auch. Entsprechend der Platzverhältnisse kann man denn auch im Online-Bestell-Formular für Hausangestellte zwischen verschiedenen Körpergrößen wählen. Auch die Vermittlungsagenturen im Bukit Timah Shopping Centre werben mit den platzsparenden Maßen ihrer Dienstboten. Angestellte unter 1,50 Meter sind der Renner.

So komfortabel wohnen Maids allerdings nur in den älteren, vergleichsweise geräumigen Wohnanlagen. Durch die steigende Einwohnerzahl und den immer knapperen Boden sind die neuen Condos nicht nur teurer, sondern auch deutlich kleiner. Singapur ist nun mal eine Insel, die immer mehr Menschen anzieht, aber mit dem Aufschütten von Land nicht mehr hinterherkommt. Neuere Gebäude verzichten also auf einen eigenen »maid's room«. Dafür gehört seit 9/11 ein familieneigener Bombenschutzraum mit extra starken Wänden und Stahltüre zum guten Ton. Solange die Nachbarstaaten keinen Terroranschlag verüben, wird der Bunker großzügig der Haushaltshilfe zur Verfügung gestellt. Nicht einmal ein Fenster stört ihre Privatsphäre hier.

Es sind aber bei Weitem nicht nur gut situierte Expats, die eine Maid beschäftigen. Die hohen Lebenshaltungskosten zwingen in Singapur oft beide Elternteile zu arbeiten. Da man hier kaum Teilzeit-Jobs kennt, sind Maids eine günstige und praktische Lösung, um Arbeit, Haushalt und Kinder unter einen Hut zu kriegen. Jeder fünfte Haushalt beschäftigt eine Hilfe. Interessanterweise steht gerne die Oma parat, nicht etwa zum Babysitten, sondern um die Angestellte bei Hausarbeit und Nachwuchsbetreuung zu supervisieren. Wenn die Großeltern selbst auf Unterstützung angewiesen sind, beschäftigen manche Familien auch zwei Maids, eine für die Betreuung der Kinder, eine für die Pflege der Eltern. Das wiederum kann seine Tücken haben, wenn sich die Helferinnen nicht oder aber allzu gut verstehen, wie eine Bloggerin die Netzgemeinde wissen lässt. Ihr erstes Zweigespann warf sich wohl ständig Knüppel zwischen die Beine. Die eine machte das wieder dreckig, was die andere gerade geputzt hatte. So war sie bei ihrer neuerlichen Suche auf ein möglichst harmonisches Duo aus, das sich dann allerdings so gut verstand, dass sie bald das Gefühl hatte, in ihrem Hause die traute Zweisamkeit ihrer Angestellten zu stören. Nachdem sie sich auch von diesen beiden getrennt hat, meint sie nun, solche Fälle seien nur durch eine dritte »executive maid« in den Griff zu bekommen. Da ist allerdings das Arbeitsministerium vor, das bei zwei Helferinnen pro Haushalt einen Schlussstrich zieht, normalerweise jedenfalls.

Letztlich ist eben doch alles eine Frage des Geldes. Singapurer, die es sich leisten können – und davon gibt es eine ganze Menge –, halten sich gerne eine ganze Armada von Hausangestellten, die sie alle in einheitliche Dienstboten-

Uniformen stecken. Ein Touch von Eaton Place eben. Wenn der gut betuchte Herr in unserer Nachbarschaft abends seinen Lexus auf die Terrasse lenkt, eilen gleich drei Philippinas in gestärkten rosa-weiß karierten Kostümchen mit Spitzenkragen herbei, um ihm Wohnungs- und Wagentüren zu öffnen und die Aktentasche abzunehmen.

Zu Hierarchie und damit auch zu ihren Angestellten haben die konfuzianisch geprägten Singapurer generell ein anderes Verhältnis als die Europäer. Deshalb mutet es auch nur uns Langnasen befremdlich an, dass auf der Orchard Road, Singapurs Shoppingmeile, hinter dem einkaufsbummelnden Pärchen in gebührendem Abstand die Maid her trottet, auf dem einen Arm dessen schlafendes Kind, und mit der freien Hand den mit Einkaufstüten beladenen Kinderwagen schiebend.

Die Skrupel der Westler sind den Asiaten unbekannt. Bisweilen schlafen die Maids auf einer Yogamatte auf dem Küchenboden, zwischen Wasch- und Spülmaschine. Für den eigenen Gebrauch der Hausangestellten sind diese Geräte jedoch tabu. Sie bekommen eine Plastikschüssel zugeteilt, das muss reichen für persönliche Wäsche und Geschirr. Schließlich will man die Mädel vom Land ja nicht ganz verziehen.

Aber man liest weitaus Schlimmeres, von Misshandlungen mit kochendem Wasser, oder von Schlägen, die Striemen und offene Wunden auf dem Rücken der Helferinnen hinterlassen. Eine malaysische Familie ließ ihre Hausangestellte verhungern. Sie wog zuletzt noch 26 Kilogramm. Wenig verwunderlich, dass die schwarzen Bretter in den

»Westler-Supermärkten« übersät sind von Stellengesuchen, überschrieben mit »looking for expat employer«.

Im Vergleich zur ansonsten sehr niedrigen Kriminalitätsrate erschreckt die Zahl der Straftaten, denen die Foreign Domestic Workers ausgesetzt sind. Human Rights Watch hat die Situation der Hausangestellten in Singapur schon 2005 angeprangert. Die Regierung hat dies zur Kenntnis genommen und bemüht sich um Entgegenkommen: Ein kleiner Schritt ist die Nachschulung, die über sich ergehen lassen muss, wer seine Hausangestellten zu häufig wechselt. Inwieweit Online-Schulungen tatsächlich mehr Einfühlungsvermögen im zwischenmenschlichen Umgang vermitteln können, sei dahingestellt. Zumindest das webbasierte Employer's Orientation Programme, das jeder Arbeitgeber absolvieren muss, bevor er zum ersten Mal eine FDW einstellt, bewegt sich auf einem doch recht grundlegenden Niveau menschlicher Bedürfnisse. Es schließt mit einem Test, der unter anderem Multiple Choice-Fragen dieses Kalibers beinhaltet: Wie viele Mahlzeiten darf Ihre Hausangestellte pro Tag zu sich nehmen? Antwortvorgaben: keine, eine oder drei.

Mit Erstaunen verfolgt man, wie viele Singapurer sich in der Zeitung abbilden lassen und unter Angabe ihres Namens bereitwillig kundtun, dass sie es in den letzten zwei Jahren überhaupt nicht für nötig befunden hätten, ihrer Hilfe auch nur einen einzigen Tag frei zu geben. Offiziell hätten sie das immerhin einmal im Monat tun sollen. Seit dem 1.1.2013 aber zeigt sich Singapur noch arbeitnehmerfreundlicher. Den nach diesem Datum angestellten Helferinnen wird sogar das Recht auf einen freien Tag pro Woche zuteil. Allerdings hat schon vor diesem Stichtag die Diskussion begonnen, wie viele Stunden denn so ein freier Tag eigentlich hätte. Nach dem Motto: Acht Stunden sind jetzt frei am Sonntag, aber dann sind ja immer noch 16 Stunden übrig. Das Arbeitsministerium heischt in wortreichen offenen Briefen um Verständnis für diese Schlechterstellung der Arbeitgeber. Man verweist darauf, dass ein freier Tag pro Woche immerhin zu den Arbeiter-Grundrechten gehört. Zum Glück ist da auch noch ein Hintertürchen: Der Arbeitgeber kann sich vom lästigen »day off« freikaufen. Er zahlt der FDW etwas dafür, dass sie an ihrem einzigen freien Tag doch für ihn arbeitet. Umgerechnet 10 Euro pro Sonntag.

Im Monat bekommen die Maids, je nach Herkunft und Erfahrung, zwischen 350 und 600 Dollar, also 200 bis 350 Euro. Singapurs Regierung verdient dabei fast noch einmal so viel dazu. Das ist die »levy«, die Abgabe, mit der die Regierung die Nachfrage nach Hauspersonal aus dem Ausland steuert. Immerhin ist das Singapurer Modell nicht so scheinheilig wie viele europäische Regelungen. Die Helferinnen sind legal beschäftigt und durch ihre Arbeitgeber krankenversichert. Ganz nebenbei sind bei diesem Ansatz die Kosten der Alten- und Kinderbetreuung privatisiert, der Staat ist aus dem Schneider.

Die Kostenseite des Arbeitgebers umfasst neben Gehalt und »levy« auch eine Kaution von 5.000 Dollar. Diese ist beim Staat zu hinterlegen, für den Fall, dass die Maid sich etwas zu Schulden kommen lässt, eine Schwangerschaft zum Beispiel. Dann wird sie in ihr Heimatland zurückgeschickt, von wo sie nach Lösung des Problems meist umgehend wieder einreist. Außerdem entrichtet der Arbeitgeber eine geringe Provision an die Agentur. Änderungen sind im Gespräch, aber zumindest bislang bringen die Angestellten selbst den größten Brocken auf: ihre Vermittlungsgebühr. Diese stottern die FDWs bis zu neun Monate lang bei ihrer Agentur ab und verdienen in dieser Zeit praktisch überhaupt nichts. Dazu kommt, dass Indonesien zum Beispiel den Auslandsaufenthalt auf maximal zwei Jahre begrenzt. Wollen die Hausangestellten danach in Singapur weiterarbeiten, müssen sie, kaum haben sie die eine Vermittlungsgebühr abbezahlt, wieder neue Gebühren zahlen, sowohl an die indonesische wie an die Singapurer Agentur.

Im Gegensatz zur Maid hat es der Arbeitsgeber also recht bequem, selbst wenn die Helferin nicht ganz seinen Anforderungen entspricht. Finanziell ist es für ihn lohnender, sie bis Monatsende weiter bei sich im Haushalt zu beschäftigen als sie auf der Stelle loszuwerden. Dann nämlich müsste er ihr einen Platz in einem Schlafsaal zahlen. Und der kostet mit 16 Dollar pro Nacht spürbar mehr als sie an einem Tag verdient.

Schockierend. Aber je länger man in Singapur lebt, desto weniger schwarz-weiß erscheint die Maid-Frage. Wenn man bedenkt, aus welcher Armut die jungen Frauen häufig kommen, sind dank der guten hygienischen Standards auch beengte Verhältnisse häufig weit besser als die Situation in ihrem Heimatland. Angesichts freier Kost und Logis und in Anbetracht der horrenden Mietkosten in Singapur muss die Bezahlung auch nicht zwangsläufig Ausbeutung sein. Unsere Nachbarn, die ihrer Maid eine Ausbildung im Hotelgewerbe finanziert hatten, mussten feststellen, dass das leider rausgeschmissenes Geld war. Für ihre Hausangestellte ist es in Singapur lukrativer, umsonst zu wohnen, als vom dann zwar höheren Gehalt Miete und Lebensunterhalt selbst bestreiten zu müssen. Sie arbeitet lieber weiter als Maid.

Ein wirklicher Skandal ist jedoch die »Käfighaltung«, in der die Angestellten oft gehalten werden. Viele werden praktisch nicht vor die Tür gelassen, manche dürfen nicht einmal den Müll zur Tonne bringen. Die Arbeitgeber sorgen sich vor Schwangerschaft, das heißt, dem Verlust ihrer Kaution, oder vor möglicher Indiskretion. Denn schließlich bekommen die Hausangestellten einen ziemlich umfassenden Eindruck davon, was in den eigenen vier Wänden so abgeht.

Im Umkehrschluss hat die Klausur aber zur Folge, dass die Dame des Hauses nie ihre Wohnung für sich hat. Damit wenigstens ein paar Stunden am Tag niemand um sie herumwischt, sind einige dazu übergegangen, ihre Maids zumindest stundenweise wegzuschicken: das SUV aufpolieren, den Zaun schrubben oder mit dem Husky Gassi gehen. Der »Spaziergang« endet zwar exakt an der nächsten Parkbank, wo sich die Philippinas der gesamten Straße mit den Kötern treffen. Egal, Hauptsache, die eigene Wohnung mal kurz für sich haben.

Immer geht das natürlich auch nicht, schließlich ist ja Arbeit zu erledigen. Deshalb verlässt die Dame des Hauses dieses notgedrungen so oft wie möglich. Aber auch das hat einen Haken, wie meine Freundin feststellen musste. Während sie außer Haus war, probierte ihre Maid den Kleiderschrank ihrer Arbeitgeberin durch und fotografierte sich in deren feinsten Stücken räkelnd auf dem Ehebett. Dumm nur, dass sie ihr das auf Facebook dann auch noch präsentiert hat.

Die gewiefteren entwickeln ein gutes Gespür dafür, welche »mum« ihnen ihre abendliche »Bibelstunde« wohl nicht abschlagen wird. Sie wird sich womöglich nur wundern, dass ihre Maid sich das Geld für den zweijährlichen Flug nach Hause zu den Kindern lieber bar auf die Hand auszahlen lässt. Warum auch die beschwerliche Reise auf sich nehmen, nur um sich dann in der Heimat von der Verwandtschaft anbetteln zu lassen und nicht einmal einen Fernseher im Zimmer zu haben?

Noch dreistere machen sich das leichte Unbehagen vieler Expats, gepaart mit dem fehlenden Einblick in Kultur und Gedankenwelt ihrer Angestellten finanziell zunutze – zumindest so lange, bis der Arbeitgeber doch etwas skeptisch wird. Gerade hat er der mittellosen Helferin noch die Beerdigung des Vaters gezahlt, da werden innerhalb weniger Wochen auch noch Großmutter, Tante und Cousine dahingerafft. Und Begräbnisse sind teuer…

Schule

Erster Schultag in Deutschland: Klärung der Hausschuhfrage. Erster Schultag in Singapur: Survival-Tipps für die Begegnung mit einer Kobra auf dem Pausenhof.

Unser Sohn hat ziemlich schnell gelernt, seine Flasche beim Sport nicht unter dem Basketballkorb abzustellen. Die Affen, die dort oben sitzen und den Kindern beim Turnen zuschauen, betrachten den metallenen Ring über dem Netz nämlich offenbar als Plumpsklo – mit entsprechenden Folgen für alles, was darunter steht. Aber auch Lehrer lernen dazu: Obwohl sie zunächst sehr argwöhnisch waren, es war kein Schülerstreich, als im Kunstraum sämtliche Bilder auf den Tischen klebten. In der Pause waren Makaken in das Klassenzimmer geschlüpft, wo sie die gelben Uhu-Tuben wohl für besonders zähe Bananen hielten und so lange darauf herumbissen, bis überall der Kleber herausspritzte. So schnell haben die wohl keine Bananen mehr gegessen.

Ja, Schule in Singapur ist anders. Aber so sehr sich das nach Abenteuer anhört, es gibt auch hier zwei Seiten der Medaille. Denn wie manche leidgeprüften Kinder und Eltern wissen, ist Schule kein Ponyhof, ja nicht einmal ein Dschungelcamp. Schule in Singapur ist, nein, Drill natürlich nicht. Aber »We belief in merit!« und die Steigerungsform »We belief in streaming!«, also der unbedingte Glaube an Leistung und Auslese, stehen für die Geisteshaltung, die dieses kleine Land mit anderen gleichgesinnten asiatischen Regionen wie Shanghai, Hongkong, Japan und Südkorea an die PISA-Spitze gebracht hat.

Zu verdanken ist dies in erster Linie dem chinesischen Philosophen Konfuzius (551 bis 479 v. Chr.), der Bildung nicht nur als Wert an sich, sondern auch als Mittel des sozialen Aufstiegs sah. Auf seinen Lehren basiert die Meritokratie, derer sich Singapur rühmt: Wer etwas leistet, wird auch dafür belohnt. Der Preis dafür war allerdings im kaiserlichen Verwaltungsapparat vor tausend Jahren schon die berüchtigte »Prüfungshölle«, durch die die Beamtenanwärter gehen mussten – und die viele von ihnen in Nervenzusammenbruch und Selbstmord trieb.

Singapur betont stets, dass es als winziges Land ohne Rohstoffe ganz auf die Qualifikation seiner Arbeitskräfte setzen muss. Bei den »neighbourhood schools«, den normalen Sprengelschulen also, scheint aller PISA-Erfolge zum Trotz noch etwas Luft nach oben zu sein. Die Klassenstärke liegt hier nicht selten bei 40 Kindern und mehr, unterrichtet wird in zwei Schichten, vormittags und nachmittags, die Klassenzimmer sind nicht klimatisiert, die Lehrer dafür ausgestattet mit Mikrofonen, damit die Kinder auf den billigen Plätzen zumindest akustisch etwas mitbekommen können. Bis 2003 gab es noch keine Schulpflicht und auch heute endet diese nach der Grundschule, in Singapur ist das nach der sechsten Klasse.

Privat dagegen wird gefördert, was das Zeug hält. Singapurs Top-Leistung kommt schließlich nicht von ungefähr:

Seine Dichte an Shopping Malls und Luxuslimousinen wird lediglich übertroffen von der an »child development centres«, »early intelligence hubs«, »thinks tanks for toddlers«, »violin conservatoriums for under 2 year olds« und so fort. Nachhilfe und Förderunterricht sind längst ein wesentlicher Wirtschaftssektor. Auch staatlich angestellte Lehrer verdingen sich als private Tutoren, manche machen ein Vermögen damit. Promi-Pauker verdienen pro Jahr sechsstellige Summen.

Bereits Kindergartenkindern werden in »Kindernomics«-Kursen die Grundlagen des Vermögens-Management nahegebracht – zumindest denken das Mama und Papa, auch wenn die Knirpse dort nur Sparschweinchen bemalen. Egal, die Eltern melden Dreijährige am British Council an und fahren ihre Schulkinder am Wochenende von einem Unterricht zum nächsten. »Tuition« und »Enrichment« lassen wohlmeinende Eltern ihren Sprösslingen nicht nur in Mathematik oder Physik angedeihen. Private Schwimmlehrer – ja, Männer, weil es ein durchaus lukratives Gewerbe ist – treiben die Kleinen durch den Pool, während Muttern supervisierend ihre Bahnen zieht. In der Paragon-Mall, praktisch neben dem Banking-Seminar für Hosenmätze, befindet sich eine Kinder-Schwimmschule, die Wettkämpfe für verschiedene Altersklassen ausrichtet, angefangen bei der Kategorie »ein bis drei Monate«. Austragungsort: große Badewanne rechts. Nach Zeichen der Selbstironie sucht man vergeblich.

Auch beim Fahrradfahren holen sich Singapurer Eltern Unterstützung von Profis. Wozu selbst Gepäckträger haltend hinter dem Nachwuchs herkeuchen, wenn dieser zum ersten Mal seine Balance auf dem Fahrrad erprobt? Dann lieber den Sprössling mit dem Auto zum Radl-Coach durch die Stadt chauffieren.

Schon im Kindergarten lernen die Knirpse nicht nur bis 100 rechnen, sondern auch Lesen und Schreiben in zwei Sprachen, bei den meisten Englisch und Mandarin, die nicht eben viel gemein haben. Leistungsorientierte Eltern streben schon jetzt Brillanz für ihre Kinder an, Alleinstellungsmerkmale eben, die nicht jeder Fünfjährige zu bieten hat. Das daraus resultierende »over-teaching« hat derartige Formen angenommen, dass das Bildungsministerium 2012 einen stark abgespeckten Lehrplan für Kindergärten herausgegeben hat. Damit sollte den Singapurern die Angst genommen werden, ihre Kinder hielten dem Konkurrenzdruck in der ersten Klasse nicht stand. Das offizielle Curriculum sieht jetzt in etwa aus wie das, was deutsche Vorschulkinder so machen. Für Singapurer Verhältnisse ist dieses Pensum jedoch derart lächerlich, dass es von niemandem ernst genommen wird. Und die Kindergartenkinder werden weiter zum Enrichment gefahren.

Auf welche Schule ein Kind geht, entscheidet in Singapur offenbar über Wohl und Wehe seines restlichen Lebens. Auch wenn Singapurs auflagenstärkste Zeitung, die *Straits Times*, versucht, den Unterschied zwischen »neighbourhood schools« und »branded schools« herunterzuspielen, sind viele Eltern wie besessen darauf aus, dass ihr Kind auf die bestmögliche Schule geht.

Prinzipiell geht die Vergabe der Plätze an den Schulen nach Nähe des Wohnortes, also nach dem auch in Deutschland praktizierten Sprengelprinzip – mit entsprechenden Auswirkungen auf die ohnehin astronomischen Immobilienpreise. Die Mieten in den Gegenden rund um die begehrtesten Schulen explodieren förmlich, weil dort alle Familien mit schulpflichtigen Kindern hin wollen. Gegenüber 2009 sind die Eigenheimpreise in Singapur um 59 Prozent gestiegen.

Allerdings, den Trumpf in Sachen Schulplatzvergabe halten immer noch die Alumni. Die Sprösslinge derjenigen, die selbst auf die jeweilige Elite-Schule gegangen sind, genießen Vorrang gegenüber den Kindern aus der Umgebung. So wird sichergestellt, dass die besseren Kreise weitgehend unter sich bleiben. Kann man sich dieser Vergangenheit nicht rühmen, bleibt nur eines: Die Eltern bewerben sich darum, 60 bis 80 Stunden lang ehrenamtlich in der Schule arbeiten zu dürfen. Dadurch steigen die Chancen, dass das Kind bei der Einschulung in ein paar Jahren dort unterkommt. Ja, richtig gelesen, man bewirbt sich darum. Denn es wird nicht jeder genommen, der kostenlos in der Wunsch-Schule malochen will. Das Heer der Freiwilligen, die sich dafür ihre spärlichen Urlaubstage vom Munde absparen, übersteigt bei Weitem das Angebot.

Deshalb sieht das Bewerbungsverfahren vor, dass die Eltern zunächst in einem Exposé ein innovatives Projekt von nachhaltiger pädagogischer Bedeutung vorstellen, das sie an der Schule umzusetzen gedenken. Wer es damit in die zweite Bewerber-Runde schafft, wird »geshortlistet« und zu einem persönlichen Bewerbungsgespräch gebeten – nochmal kurz zur Erinnerung: Es geht um die unbezahlte Mitarbeit der Eltern in der künftigen Grundschule ihrer Kindergartenkinder.

Soweit der Anfang der Grundschulzeit. Das Ende ist entsprechend. Es besteht in der PSLE, der Primary School Leaving Examination, die über den weiteren Werdegang der Elfjährigen entscheidet. Unnötig zu sagen, dass es zur Vorbereitung auf dieses Beinahe-Staatsexamen hundertfache Nachhilfskurse für die Schüler gibt. Aber auch für Eltern werden spezielle Workshops angeboten, in denen ihnen vermittelt wird, wie sie ihr Kind optimal auf die Prüfung vorbereiten. Viele Firmen, darunter die Großbank OCBC, geben ihren Mitarbeitern sogar drei Wochen unbezahlten Urlaub, damit sie ihren Sprösslingen persönlich den letzten Schliff geben können.

Bisher veröffentlichte das Bildungsministerium die PSLE-Top-Performer in der Zeitung, eine Praxis, die 2012 eingestellt wurde, »um kein allzu starkes Gewicht auf die akademischen Leistungen (der Kinder) zu legen«. Die *Straits Times* versäumte es allerdings nicht, in den Bericht über diesen pädagogischen Schritt die Namen derjenigen Schüler einfließen zu lassen, die jetzt im nationalen Ranking eben nicht mehr publiziert werden. Eine öffentliche Auszeichnung wäre eigentlich auch gar nicht nötig, weil ohnehin alle Bushaltestellen mit dem Konterfei der besten Elfjährigen geschmückt sind, die stolz eine Büchse Nahrungungsergänzungsmittel in die Kamera halten. In der Fußnote ihr Name, ihre Schule und die Punktzahl ihrer »A star«-Noten.

Immerhin sei der Leistungsdruck in Singapur nicht ganz so schlimm wie in Korea, beruhigte kürzlich der Bildungsminister Heng Swee Keat. Dort werden neuerdings des Nachts Razzien in Paukstudios durchgeführt. Offiziell nämlich dürfen Schüler in Korea nach 22 Uhr nicht mehr unterrichtet werden. »Eigenstudium« betreiben können sie dort aber auch weit nach Mitternacht noch.

Der Bildungsminister hat wohl Recht, ganz so schlimm ist es in Singapur nicht. Linda, wie sich eine befreundete Chinesin den Westlern zuliebe nennt, ist nach ihrer Selbsteinschätzung allenfalls eine »gemäßigte Tigermutter«. Denn um ihrem Sohn den nicht selten selbstmörderischen Druck an Shanghais Schulen zu ersparen, verkaufte sie, eine erfolgreiche Unternehmerin aus der IT-Branche, ihren dortigen Betrieb und zog mit ihrem Jungen nach Singapur, wo dieser schon wenige Wochen später zum Mathe-Champion Südostasiens gekürt wurde. Dafür fliegt der Vater jedes zweite Wochenende aus Shanghai ein und Linda nimmt das ihrer Meinung nach schreckliche Essen in Singapur in Kauf.

Mag das Lernklima in Singapur auch gegenüber anderen Tigerstaaten noch vergleichsweise entspannt sein, einen gewissen Tribut fordert das Starren in Bücher und auf Bildschirme wohl doch: Laut Statistik sind 65 Prozent der Zwölfjährigen kurzsichtig – zum Vergleich, in Großbritannien sind es 30 Prozent, in Australien zwölf Prozent.

Es fängt schon im Babyalter an: das iPad ist der Augenschnuller von heute – das ideale Mittel zur Ruhigstellung der Knirpse, die jetzt dank »Apps for Toddlers« und Lernspielen für Zweijährige auch problemlos ins Restaurant mitgenommen werden können. Der Kleine, der mit seinen Eltern neulich im Restaurant am Nebentisch saß, war so in sein Computerspiel versunken, dass ihm von Muttern zwischen den entscheidenden Spielständen die Häppchen in den Mund geschoben werden mussten. Zwar war ihnen als entwicklungspsychologisch geschulten Eltern selbstverständlich bewusst, dass ihr Sohn auch einmal zu Papier und Bleistift greifen sollte. Leider nur kriegte der Kleine jedes Mal einen Tobsuchtsanfall, wenn sich die Bilder, die er aufs Blatt malte, nicht bewegten wie auf seinem Display.

Die Regierung sieht sich bereits genötigt, die Kinder aufzufordern, auch einmal die Wohnung zu verlassen, um sich draußen aufzuhalten, gegebenenfalls sogar zu bewegen. Denn der Staat nimmt sich auch des Problems schwindender motorischer Fähigkeiten und übergewichtiger Kinder an. So wird bei Schülern regelmäßig der Body-Mass-Index kontrolliert. Bei entsprechender Indikation werden sie zu einem »Anti-Fettsucht-Training« verdonnert und müssen drei Mal pro Woche nachmittags in der Schule Sport treiben. Dass sich der Staat hier – wieder einmal – einschaltet, mag angesichts der fehlenden Freiflächen und der Liebe der Singapurer zum Essen seinen Sinn haben.

Allerdings, nicht-zweckgebunden könnte sich ohnehin kein Kind bewegen. Zoo, botanischer Garten, Museen und Spielplätze, nirgends sind Kinder sicher vor dem Bildungsauftrag, der hinter der nächsten Ecke lauert. Wenig erstaunlich, dass das selbstständige und freie Denken bei den Singapurern etwas ins Hintertreffen zu geraten droht. Meine Chinesisch-Lehrerin Aihua war angenehm überrascht, dass ihre deutschen Kursteilnehmerinnen versucht haben, aus dem bisher Gelernten selbst Regeln abzuleiten und diese entsprechend anzuwenden. Unser Mitdenken hat sie, ganz Pädagogin, mit Hello-Kitty-Fleißbildchen belohnt – wir Damen waren alle zwischen 40 und 50. Allerdings kam sie durch unsere Fragerei, wie sie sagte, längst nicht so schnell vorwärts wie mit ihren Singapurer Schülern, die ihre Stunde im Halbschlaf über sich ergehen ließen.

Diese rezeptive Haltung führt freilich zu einer gewissen Kreativitätslücke, was inzwischen auch in Regierungskreisen festgestellt wurde. Seitdem wird mit Hochdruck an der Schöpfungskraft der Singapurer gearbeitet. Da man das Übel an der Wurzel packen muss, sprießen allenthalben »Creative Learner Centres« für Kinder aus dem Boden. Allerdings muss sich erst noch herumsprechen, dass man die Kleinen ruhig auch mal selber machen lassen könnte. Egal wie quietsch-bunt »creative« über dem Eingang der Talentschmiede prangt, in Singapur wird gemalt, was auf dem Programm steht. Und da die »aunties« es als erzieherisches Versagen empfänden, wenn ein Kind ein nicht absolut perfektes Bild zu Hause ablieferte, legen sie in letzter Minute eben selbst Hand an und übermalen es nötigenfalls.

Dazu passt auch die staatliche Kreativitäts-Offensive von 2005: Die Regierung hat dem Wunsch einer Gruppe jugendlicher Sprayer nach einer »Graffiti-Mauer« entsprochen – zur Demonstration der eigenen Liberalität sogar ganz zentral an der Grange Road. Indes, es war Street Art à la Singapur: Die Künstler sollten zunächst einmal Graffiti-Vorschläge zur Begutachtung einreichen, die ausgewählten Entwürfe könnten dann zu gegebener Zeit an einem eigens zugewiesenen Abschnitt der Wand angebracht werden.

Dass der Schwerpunkt aktuell eher noch auf Zucht und Ordnung liegt, zeigt auch ein Auszug aus den Statuten unserer Schule zum »dress code« der Schüler. Die Schuluniform, die »ohne modische Accessoires« zu tragen ist, wird – hier die stark verkürzter Fassung, alles andere würde den Rahmen sprengen – wie folgt getragen:

- Shorts oder Rock enden unterhalb der Fingerspitzen des Schülers, wenn dieser gerade steht und die Arme an der Seite herabhängen lässt,
- Hemden werden ordentlich geknöpft getragen,
- übertriebenes Make-up ist nicht angebracht,
- wohl aber ein angemessener und geschmackvoller Haarstil.

Der Rektor persönlich wacht an der Schulpforte über die Einhaltung der Richtlinie. Deren Missachtung wird nach der ersten Ermahnung mit Nachsitzen geahndet. Damit nimmt sich das Strafmaß an unserer internationalen Schule gegenüber den Singapurer Lehranstalten geradezu als Laissez-faire aus. Manch einheimischer Pädagoge setzt dagegen heute noch die staatliche Anti-Langhaar-Kampagne aus den 70er-Jahren in die Tat um. Erst neulich verübte ein Lehrer Selbstjustiz. Als er entdeckte, dass die Haarspitzen eines seiner Schüler dessen Ohren berührten, griff er kurzerhand zur Bastelschere und brachte die Mähne wieder auf vorschriftsgemäße Länge. Ob das einen »geschmackvollen Haarstil« ergab, ist allerdings eine andere Frage.

Auch wenn dieser Übergriff selbst hier zu einem gewissen Aufruhr geführt hat – von der an Singapurs Schulen herrschenden Disziplin können deutsche Lehrer nur träumen. Der Ton ist harsch. Bei einem Schulausflug wurde den Kindern vor Betreten des Museums, durch das ich sie führen sollte, noch einmal in Kasernenhof-Diktion ins Gedächtnis gemeißelt: »No food, no drinks, no talk!«, worauf alle Schüler aus einem Mund mit »Yesss, Sir!« parierten. Nein, nicht ironisch. Kein Wunder, dass sich niemand traute den Mund aufzumachen, als ich versuchte, die Schüler durch Fragen neugierig auf die Ausstellungsstücke zu machen.

Aber nicht nur der Lehrer genießt Autorität. In Singapurs Grundschulen werden bereits in den untersten Klassen Führungspersönlichkeiten von der Schulleitung auserkoren, die dann in »leadership camps« zu sogenannten »prefects« ausgebildet werden und fortan ihren Rang auf einem Messingschild an der Schuluniform tragen. Als Deutschem ist einem da mit dem herkömmlichen Klassensprecher doch irgendwie wohler.

Aber nicht nur Schüler, auch Eltern werden auf Linie gebracht, wie dieses Beispiel vom ersten Schultag zeigt: Auch in Singapur gibt es natürlich Infobriefe der Lehrer, die die Eltern lesen und dann unterschrieben wieder den Schülern mitgeben sollen. Und auch das leidige Läuse-Problem gibt es. Procedere in Singapur: Wenn die Kinder den unterschriebenen Zettel nicht bis zur Deadline mitbringen, zahlen die Eltern 100 Dollar – natürlich nicht Strafe, nein, sondern lediglich die Rechnung für die von einer Fachkraft durchgeführten Untersuchung des Kindskopfs auf Läuse.

Dafür ist der Schulbus mit LCD-Bildschirmen an jeder Rückenlehne ausgestattet. Die Kinder können sich so noch vor der ersten Stunde von »Tom und Jerry« berieseln lassen – »stick and carrot«, Zuckerbrot und Peitsche, diesem Konzept begegnet man in Singapur häufiger.

6 c's

Meine Singapurer Bekannte Siew Hoon verbrachte ihren Urlaub in Australien, dem Land der unendlichen Weite, der rauen Wildnis, des roten Staubes und des beißend blauen Himmels. Auf meine Frage, wie es ihr dort gefallen habe, meinte sie: »Naja. Die Shopping Malls machen da schon um sechs Uhr zu!«

Shopping ist nach Essen die zweitliebste Beschäftigung der Singapurer. Nicht nur hat die Insel die höchste Dichte an Einkaufszentren, sondern obendrein noch die höchste Online-Shopping-Quote der Region. Unter »Familienausflug« wird in der Regel der nächtliche Einkaufsbummel verstanden, bei dem erschöpfte Kinder über väterlichen Schultern durch Malls geschleppt werden. Die Läden haben praktisch rund um die Uhr geöffnet, samstags, sonntags, feiertags, jeden Tag. Nur an Chinese New Year kann es einem tatsächlich einmal passieren, vor verschlossener Türe zu stehen. Da haben aber die meisten schon den ersten Kaufrausch des Jahres hinter sich, denn für diese Festivität will jeder entsprechend ausstaffiert sein. Zum zweiten Shopping-Höhepunkt kommt es im Juni und Juli, beim GSS, dem »Great Singapore Sale«, einem gesellschaftlichen Großereignis, das Singapur etwa so viel bedeutet wie Salzburg seine Festspiele.

Örtlich konzentriert sich der Konsumwahn hauptsächlich auf die Orchard Road, die im Glanze großer Markennamen erstrahlt. »Louis Vuitton« kommt schon Zweijährigen akzentfrei über die Lippen. Um auf die gewohnte Glitzerwelt der üblichen Diors, Pradas, Guccis und Cartiers noch eines draufzusetzen und das Geldausgeben vollends zum »Event« zu erhöhen, delektiert das Marina Bay Sands zusätzlich mit einem in Beton gegossenen venezianischen Canal Grande, auf dem man sich von einem Gondoliere mit chinesischem Kegelhut auf- und abschippern lassen kann.

Aber es reicht noch lange nicht, alles zu haben, was man eben gerade so hat, um dazuzugehören. Der Singapurer will es auch als Erster haben. Weshalb er sich bei wirklich wichtigen Dingen schon in der Morgendämmerung in die Schlange vor dem Laden einreiht. Viel Schlaf bekommt man nicht, wenn man das alle paar Tage wegen neu auf den Markt geworfener »must haves« wieder machen muss. Findige Singapurer haben hier eine Marktlücke entdeckt und stellen sich im Auftrag gegen entsprechende Vergütung nachts an.

Manchmal freilich muss man sich selbst hochschwingen. Etwa, wenn man der erste sein will, der seinen Fuß in neu eröffnete Singapur-Attraktionen setzt – dicht gefolgt von Tausenden anderer. Der Andrang an vorderster Front ist erstaunlich, ob es sich um die Gardens by the Bay, eine neu eröffnete U-Bahn-Station oder den ersten Airbus-Flug nach Sydney handelt. Böse Zungen behaupten, die Singapurer hätten sich förmlich um den extra teuren Jungfernflug gerissen – egal, ob sie überhaupt nach Australien wollten oder nicht.

Dieses Verhaltensmuster heißt in Singapur *kiasu*, was auf Hokkien so viel bedeutet wie »ich zuerst« oder »fürchten, ins Hintertreffen zu geraten«. »Kiasuismus« zeigt sich etwa am Büffet, wo Teller so beladen werden, dass sie nur mit Mühe zum Tisch zurücktransportieren werden können – ein winziger Hummer passt aber in der Regel immer noch drauf. Auf der Straße, wenn man nach dem Blinkersetzen sicher sein kann, dass die anderen Autos gerade jetzt so nah aufschließen, dass ein Fahrbahnwechsel beim besten Willen nicht mehr drin ist. Bei der Jagd nach einem freien Sitzplatz in der U-Bahn. Und beim Abholen der Kinder vor Schule. Weil eine Mutter ihrem Sprössling nicht zumuten wollte, die paar Meter vom Schultor zum Parkplatz zu Fuß zurückzulegen, stellte sie ihr Auto einfach mitten auf der Fahrbahn, direkt vor der Schulpforte, ab. In der engen Straße konnte kein anderer mehr vor oder zurück, die Schlange der anderen Abholer wurde immer länger. Erste Autofahrer begannen zu hupen, die Stimmung wurde immer aufgeheizter und gipfelte in tätlichen Auseinandersetzungen zwischen der Kiasu-Mutter und den anderen Verkehrsteilnehmern.

Auch gegen die Auswüchse des Kiasu gab es eine Kampagne. 1993 rief die Regierung mit dem Slogan »If we could only see ourselves!« zu mehr Selbstreflexion und Rücksichtnahme auf. Ganz aus der Welt schaffen ließ sich das Phänomen nicht, doch die Maßnahme erfüllte nebenbei noch einen anderen Zweck: Mit der Idee zur Kampagne waren die Singapurer anderen Ländern mit ähnlichen Problemen wieder einmal eine Nasenlänge voraus. Geschafft, wieder einmal Erster.

Bekennende Kiasu-Eltern haben im Internet ihr eigenes Netzwerk gegründet, um schon von Geburt an die Laufbahn ihrer Sprösslinge optimal durchzuplanen. Karriere ist das erste der »6 c's«, auf die Singapurer versessen sind: Wer »carreer, cash, credit card, condo, country club and car« vorweisen kann, der hat es geschafft. Wobei natürlich Auslegungssache ist, was genau man unter »reich« versteht. Nach landläufiger Meinung geht man in Singapur ab einem Nettovermögen von fünf Millionen Dollar als »rich« durch, als »comfortably rich« allerdings erst ab 50 Millionen. Singapur ist die Stadt mit der weltweit höchsten Millionärsdichte. Die Zahlen ändern sich praktisch minütlich, sicher ist aber, dass hier weit über 100.000 Millionäre und etliche Milliardäre leben. Um die 1.400 Ultra-Reiche haben zusammen ein Polster von über 160 Milliarden Dollar. Auch viele vermögende Ausländer zieht es nach Singapur, angelockt von niedrigen Steuern, ausgezeichnetem Geschäftsklima, Bankgeheimnis, niedriger Kriminalität und stabilen politischen Verhältnissen. Seit Staatsgründung 1965 regiert dieselbe Partei.

Und noch etwas macht den Gutbetuchten das Leben angenehm: Paparazzi kennt man hier nicht. Da darf man denn auch einmal ausgelassen feiern, etwa im Pangaea Club, dem Nachtlokal der Superlative. Die Jeunesse dorée chillt auf Krokodilleder-Sofas und schlürft Cocktails im Gegenwert eines Kleinwagens. Man wundert sich ja kaum mehr über irgendetwas in Singapur, wo ein zweistöckiges Haus in der Nassim Road für schlappe 242 Millionen Dollar zum Verkauf steht. Irgendwie hatte der Betreiber des Nachtclubs aber wohl doch das Gefühl, den Preis von 26.000 Dollar für einen Drink rechtfertigen zu müssen. Deshalb versenkt der

Barkeeper nun Gerüchten zufolge einen Brillanten darin, den sich mit den Fingern herausangeln kann, wem das der Mühe wert ist.

In keinem OECD-Land sind die Einkommen ungleicher verteilt als in Singapur. Das sieht man schon daran, dass für europäische Verhältnisse ungewöhnlich viele ältere Leute arbeiten müssen. Eine langfristige Rentenabsicherung gibt es zumindest für die, die sie heute brauchen könnten, nicht. Deshalb sind viele »golden ager« auf einen Job als Taxifahrer oder Reinigungskraft angewiesen, auch wenn sie dabei in einer 40 Stunden Woche oft nur 1.200 Dollar verdienen. Speziell für die Zielgruppe der hochbetagten Arbeitssuchenden werden Fortbildungskurse angeboten, in denen noch 75jährige Putzleute Englisch pauken sollen, um ihre Berufsaussichten zu verbessern.

Egal, ob arm oder reich: Alle Singapurer eint die Leidenschaft für Schnäppchenjagden. Rabatte ziehen immer, egal in welcher Form. Wahrscheinlich verfügt jeder Singapurer alleine deshalb schon über mindestens vier Kreditkarten, damit er beim Ausgehen in den Genuss der täglich wechselnden Karten-Discounts kommt.

Neben Karriere, Cash und Kreditkarte besteht ein weiteres Lebensziel in Singapur darin, in einem Condo zu leben. Expats können sich eine solche Wohnung leisten, wenn der Arbeitgeber ihnen die paar Tausend Euro erstattet, die die Monatsmiete in Singapur mehr kostet als beispielsweise in Münchner Bestlage. Singapurer müssen richtig gut verdienen, wenn sie nicht in eine staatliche bezuschusste HBD-Wohnung, sondern in eine schicke Wohnanlage mit

Sicherheitspersonal, manikürten Gärten, Swimmingpool, Tennisplätzen und Fitnessraum ziehen wollen.

Was an Letzterem so begehrenswert ist, habe ich nach ein paar einschlägigen Besuchen festgestellt: Hauptgrund, das »Gym«, wie es hier genannt wird, aufzusuchen, scheint für die Herren der Schöpfung zu sein, dass ihre Wohnung nicht genug Platz für einen ihrem Ego angemessenen Spiegel hergibt. Sofort nach Betreten des Gym reißen sie sich ihr Funktions-Shirt vom Leibe und posieren vor dem 15 Quadratmeter großen Spiegel, indem sie ihren Bizeps spielen lassen. Nur gelegentlich nehmen sie dazu auch einmal eine Hantel zur Hand.

Viele Annehmlichkeiten gehören quasi zur Standardausstattung eines Condos. Unsere Wohnanlage aber hat den Clou: ein Dampfbad! Für all jene, die bei 33 Grad im Schatten und einer Luftfeuchtigkeit von 90 Prozent noch nicht genug schwitzen. Dieses Extra haben wir wohl der Tatsache zu verdanken, dass unsere Wohnanlage schon etwas in die Jahre gekommen ist. Sie stammt aus der Zeit, in der »good old Europe« noch als leuchtendes Vorbild in Punkto Savoir-vivre galt. Und was gibt es für Äquatorialbewohner exotischeres als die Skandinavier mit ihren seltsamen Sitten?

Aber egal mit welchen Raffinessen die Condos im Einzelnen ausgestattet sind, gemein ist allen die enorme Suggestivkraft ihrer Namen. Denn die Adresse einer solchen Behausung besteht nicht einfach nur aus Straßennamen und Hausnummer. An erster Stelle prangt die verheißungsvolle Bezeichnung der Anlage. »The Arte« oder »The Treasure«, zum Beispiel, muten distinguiert und exklusiv an, sind dabei aber noch vergleichsweise unprätentiös. Condos wie »The Carribean« lassen Sehnsuchtsorte anklingen. Bei »Adria« bleiben dagegen leise Zweifel, ob der Architekt wusste, wovon er sprach, hier in den Tropen. Genießerischen Connaisseurs wird das vollmundige »Chateau la Salle« zusagen, Freunden des Renn- und Reitsports »Ferraria Park« oder »Aston Green«. Mit dem »Prestige Loft« macht man auf keinen Fall etwas falsch. Diejenigen, die nach Höherem streben, können Adelstitel beziehen wie »Kings 8«, »Raja« oder »Park Imperial«. Natürlich dienen auch niedrigere Stände als Taufpaten, die hier aus Platzgründen aber unerwähnt bleiben müssen. »Envio«, Neid also, bringt Sinn und Zweck des Condo-Brandings erfrischend ehrlich auf den Punkt. Aber selbst beim »Zenith« ist das Ende der Fahnenstange noch lange nicht erreicht. Schließlich bietet selbst das nur wenig katholische Singapur wohnungsmäßig die Möglichkeit zur Himmelfahrt (»Ascentia Sky«), wo im »Celestia« hoffentlich ein Schoppen »Ambrosia« wartet.

Wozu man es gebracht hat, verrät aber nicht nur der Name des Condos. So oft laden Singapurer nicht nach Hause ein. Statusträchtiger ist die Mitgliedschaft in einem »country club«, auch wenn dieser mitten in der Stadt ist. Einer der ersten Millionärsclubs war der Ee Hoe Hean Club in der Bukit Pasoh Road in Chinatown. Das stilvolle Art Déco Gebäude wird heute noch für gesellschaftliche Anlässe genutzt, was man an den Karossen sieht, die vor dem Eingang in zweiter und dritter Reihe zum *valet parking* abgestellt werden. Um die 100 Clubs hat Singapur heute zu bieten, von bodenständigen Nachbarschaftsclubs zu den geschlossenen Kreisen eines Tanglin Club. Dazuzugehören kostet in dieser seit fast 150 Jahre bestehenden Institution in der

Basis-Variante 35.000 Dollar. Damit die Welt erfährt, dass man es sich leisten kann, Club-Mitglied zu sein, werden, wie anderswo die Maut-Pickerl, entsprechende Aufkleber auf der Windschutzscheibe des Nobelhobels angebracht. Und ja, die Rede ist von jeder Menge Aufklebern, denn wir wären nicht in Singapur, wenn man sich mit nur einem Club begnügen würde.

Apropos Auto: Mehr noch als in jedem anderen Land demonstrieren Singapurer ihren Status über ihren fahrbaren Untersatz, den man dank günstiger Taxis und gut ausgebautem öffentlichem Nahverkehr eigentlich gar nicht benötigt. Gut, ob man ein Taxi bekommt, wenn man es wirklich braucht, ist eine andere Frage. Falls es einmal gerade nicht regnen sollte, stehen die Chancen zumindest unter der Woche und außerhalb des Berufsverkehrs aber gar nicht schlecht.

In Anbetracht dessen – und angesichts der gerade mal 22 mal 42 Kilometer großen Insel, sowie des Tempolimits von 90 km/h – hat die Zahl der Luxuswagen in Singapur geradezu groteske Ausmaße angenommen: Alleine 449 Ferraris und 469 Maseratis sind registriert. Aber Autos sind hier eben weniger zum Fahren als zum Zeigen da. Gegenüber unserer Wohnung steht schon seit zwei Jahren dekorativ ein Rolls Royce in der Auffahrt. Tatsächlich genutzt werden aber nur Porsche und Mercedes aus der Garage. Der orangefarbene Lamborghini unseres Nachbarn zur Linken kommt allerdings tatsächlich jeden Vormittag pünktlich um halb elf mit röhrendem Motor über die »Fahrlangsam«-Bodenwellen gehoppelt.

Singapurer parken ihr Vermögen vorzugsweise auf der Terrasse vor dem Wohnzimmer. Auch wenn man sich bei der tropischen Vegetation eine andere Gartengestaltung vorstellen könnte, ist es doch rührend, wie das Auto auf seinem Stammplatz vor dem Fenster quasi zur Familie gehört. Ein besonders wertvolles Familienmitglied ist es obendrein, selbst wenn es sich nicht um Mercedes, Lexus oder Bentley handelt. Zum normalen Kaufpreis kommen in Singapur noch einmal Steuern von bis zu 100 Prozent des Listenpreises. Aber das ist noch nicht alles: Um sich überhaupt ein Auto zulegen zu können, braucht man ein COE, ein Certificate of Entitlement. Mit dieser Lizenz regelt die Regierung das Verkehrsaufkommen auf den Straßen marktpolitisch, also nach dem Platzangebot auf den Straßen und der aktuellen Fahrzeugnachfrage. Sind die Straßen relativ leer und der Verkehrsfluss störungsfrei, werden neue COEs recht günstig vergeben. Sind dagegen schon viele Fahrzeuge unterwegs und drohen Staus, zahlt man entsprechend mehr. Für Zweit- und Drittwagen muss man noch mehr hinblättern, dicke Autos mit großem Hubraum sind teurer als kleine. Autofahren ist also ein teurer Spaß in Singapur. Andererseits erreichen die Stadtplaner mit dieser Politik, dass man in seinem Wagen nicht nur im Stau steht, wie in vielen anderen asiatischen Städten.

Als weiteres statusträchtiges »c« könnte durchaus auch »cold« durchgehen, die künstliche Kälte in Singapur. Wie in allen heißen Gegenden ist Kühle auch in Singapur ein Luxusgut. Um sich das Leben zu erleichtern, kamen die Briten während der Kolonialzeit auf die Idee, Kulis abzustellen, die, während die Herrschaft speiste oder ruhte, rhythmisch an Schnüren zogen und so riesige Stoffbahnen bewegten.

Diese *punkahs* versprachen immerhin einen Hauch von Ventilation. Selbst die britischen Soldaten in den Kasernen am Dempsey Hill kamen in den Genuss dieser frühen Klimaanlage. Morgens um fünf sah man ganze Trupps von *punkah-wallahs* nach Hause gehen, nachdem sie die ganze Nacht durch gefächelt hatten.

Singapur ist heiß, dampfig, feucht und meist windstill – ein Gewächshaus. Eigentlich noch schlimmer. Deshalb meine dringende Empfehlung, bei einem Spaziergang durch den Botanischen Garten fünf Dollar mitzunehmen. Nicht für den Eintritt in diesen fantastischen Park, der ist kostenlos. Ein Ticket braucht man aber für das rettende Treibhaus, das sich in der hintersten Ecke des Orchideengartens versteckt: eine Oase der Kühle und Frische, vergleichsweise.

Eine Konsequenz der Hitze ist, dass die Wohnungen anders geschnitten sind als in Europa. In Singapur schließt man die Eingangstüre auf und steht im Wohnzimmer. Einen Windfang braucht es hier eben gerade nicht. Viele lassen im Gegenteil die Eingangstüre den ganzen Tag über sperrangelweit weit offen, in der Hoffnung, es möge sich ein kühlendes Lüftchen einfinden. Eine Garderobe ist völlig unbekannt. So etwas wie Jacken gibt es hier sowieso nicht.

Wobei das nicht ganz stimmt, es ist nur eben umgekehrt. Der deutsche Angestellte packt sich zu Hause warm ein, bahnt sich den Weg zum Büro durch Wind und Wetter, hängt dort sein Sakko an den Haken, krempelt die Ärmel hoch und signalisiert so seine Bereitschaft, jetzt anzupacken. In Singapur dagegen schlüpfen die Angestellten nach Betreten der Arbeitsstelle erst einmal eilig in ihre Jacketts.

Damen in gürtelbreiten Miniröcken hüllen sich in deckenartige Pashmina-Schals. Es wäre interessant zu wissen, was Letzteres für einen Eindruck bei den Chefs hinterlässt – in der nördlichen Hemisphäre werden Kuscheldecken ja eher mit einem gemütlichen Abend auf dem Sofa als mit hochmotivierter Arbeitshaltung assoziiert. Aber zumindest die männlichen Kollegen dürften so effizienter arbeiten.

Dank Klimatisierung hat Singapur immerhin zwei Jahreszeiten: drinnen und draußen. In dieser Logik sind die Singapurer Kinos wohl die Permafrost-Zone, kaum wärmer als der Idiotenhügel im Snow City, dem Indoor-Skizirkus der Tropeninsel. Zwei Stunden ohne lange Hose, Pullover und Schal sind im Kino nicht ohne gesundheitliche Schäden zu überstehen. Wahrscheinlich gehören die am Äquator etwas deplatziert wirkenden Winterbekleidungsgeschäfte von »coldwear« und Konsorten in Wirklichkeit den Kinobetreibern. Mit jedem Kinoticket verkauft der Konzern so mindestens eine Garnitur Skiunterwäsche.

Aber die künstliche Kühle hat natürlich auch ihre Vorzüge. Shopping Malls sichern das Überleben auf längeren Strecken durch die Stadt. Bei entsprechender Routenoptimierung hat man spätestens nach 15 Minuten eine Kälte-Oase erreicht. Nicht zuletzt unter diesem Gesichtspunkt ist zu begrüßen, dass Singapur die höchste Shopping-Mall-Dichte Asiens zu bieten hat. Genauso sehne ich auch jedes Mal aufs Neue das Erreichen des Supermarktes herbei. Die Schiebetüren gleiten lautlos auf und – ah, gerettet. Bis ich die ersten sieben Sachen zusammengesucht habe, ist der Schweißstrom, der mir auf dem Weg zum Fair Price die Wirbelsäule heruntergeronnen ist, bereits zu kleinen Kristallen gefroren; ab jetzt knirscht die Eisschicht am Rücken jedes Mal leise, wenn ich mich zum Einkaufswagen hinunterbeuge, um Lotusblütensamen, »extra milde« Curry Paste oder Fischstäbchen hineinzulegen.

Finanzmetropole mit Verrechnungsscheck

Singapurs Finanzwirtschaft schraubt sich in schwindelerregende Höhen. Die Bilanzsumme seiner Banken ist inzwischen sechs Mal so groß wie das gesamte Bruttoinlandsprodukt. Skeptiker warnen schon vor einem baldigen Platzen der Finanz- und Immobilienblase. Dabei hat auch die Finanzmetropole mit ihren in den Himmel ragenden Bankentürmen entlang des Singapore River einmal klein angefangen.

Dort, in der Gegend um die Market Street, hatten sich die Chettiar niedergelassen, die Anfang des 19. Jahrhunderts als Geldverleiher aus Südindien kamen. Bronzeskulpturen am Fluss erinnern heute noch an sie. Sie finanzierten den blühenden Handel im Freihafen Singapur. Die Chettiar waren die Vorväter der heutigen Investment Banker, Derivate-Händler und Venture Capital-Firmen im CBD, dem Central Business District. Ihre Geschäfte führten sie im Dhoti, dem indischen Hüfttuch, im Schneidersitz vom kühlen Fliesenboden ihrer *shophouses* aus. Ihr Kapital hatten sie verstaut in blechernen Kisten zu ihren nackten Füßen. Nachts schliefen sie darauf. Das reichte ihren Kunden als Sicherheit für ihre Anlagen.

Vergleicht man das spartanische Bild der frühen Geldhäuser mit den heutigen Wolkenkratzern, könnte der Unterschied nicht größer sein. Optisch. An der Funktionsweise der Finanzwelt scheint sich dagegen nicht allzu viel geändert zu haben.

Wie bodenständig Geldtransfers in Singapur auch heute noch abgewickelt werden, konnte ich mit Erstaunen am eigenen Leib erfahren: Die Sprachenschule, in der ich einen Chinesischkurs belegt hatte, wollte mich dafür belohnen, dass ich ihr eine weitere Kundin gebracht hatte. Die Geschäftsführerin bat mich in ihr Büro, wo sie mir feierlich ein Formular aushändigte, in das ich meine Bankverbindung eintragen sollte. Der entsprechende Betrag würde mir dann umgehend gutgeschrieben. Ich kramte zu Hause in meinen Unterlagen. In der darauffolgenden Woche gab ich ihr alle Nummern zu Konto, Bank und Filiale, die ich finden konnte. Acht Monate vergingen, mein Kurs war beendet, ich hatte die Prämie schon längst vergessen. Dann, eines Abends, rief die Geschäftsführerin bei mir zu Hause an: Ich hätte da ja noch ein Guthaben und möge doch bitte vorbeikommen, um mir das Geld abzuholen. Ich bat sie, mir das Geld zu überweisen, wie besprochen. Die Schule war eine halbe Tagesreise weit entfernt. Nein, das ginge nicht. Warum denn nicht, fragte ich, schließlich hätte ich ihr doch alle Bankdaten gegeben. Langes Hin und Her, sie blieb dabei. Mir die paar Dollar zu überweisen, sei in Singapur nicht möglich. Überweisungen könne man nur an ganz bestimmte Adressaten tätigen, an Strom- oder Telefongesellschaften zum Beispiel. An sonst niemanden. Trotz spezieller Formulare für diesen Zweck, zwanzigstelliger Bankdaten und – was in Singapur nie fehlen darf – meiner Passnummer. Glücklicherweise hatte ich zu diesem Zeitpunkt schon eine ganze Weile in der modernen Finanzmetropole gelebt, und deshalb eine ungefähre Vorstellung davon, wie Transaktionen in Singapur getätigt werden. Auch genügend Fatalismus, um die Unmöglichkeit einer Banküberweisung hinzunehmen. Meine rettende Idee: Die Chefin stellt mir einen Verrechnungsscheck aus, macht sich auf die Suche nach einem der gefühlt zehn Briefkästen des Landes und schickt mir das beliebteste Zahlungsmittel der Singapurer per Post zu. Mit dem Scheck muss ich nur noch in meine Bankfiliale, mich dort ein paar Stunden lang anstellen, um ihn schließlich einreichen zu dürfen. Dann kann ich die 30 Dollar auch schon am nächsten Bankautomaten abheben.

Singapurs Banken haben geschafft, wovon andere noch träumen: Die Befreiung vom Druck, immer funktionieren zu müssen und ständig kompetent, freundlich und schnell zu sein. Auch von äußeren Zwängen haben sie sich gelöst. Ästhetische Kriterien der Filialgestaltung werden bewusst über Bord geworfen, ein paar lose zusammengefügte Spanplatten und der Teppichbodenverschnitt vom letzten Ausverkauf verdeutlichen die neue Bescheidenheit in der Schalterhalle, die ungefähr halb so groß ist wie unser Wohnzimmer. Hier wird nicht geprotzt. Gut so, schließlich geht es ja um das Geld der Kunden. Die Bankangestellten sitzen so eng nebeneinander, dass sie sich fast mit den Ellenbogen in die Seite stoßen, wenn sie sich zur Geldkassette im Ikea-Schrank hinter ihnen umdrehen. Entsprechend leutselig geht es auf der Kundenseite zu. Das Bankgeheimnis, das den Finanzplatz Singapur so attraktiv macht, gilt definitiv nicht am Kundenschalter seiner Filialen. Atmosphärisch und akustisch erinnern sie an eine Metzgerei um die Mittagszeit. Dort muss man allerdings nicht so lange warten.

Wenn in Singapur ein Besuch in der Bankfiliale ansteht, nimmt man sich am besten einen Tag Urlaub dafür. Die Schlange, in die man sich zu reihen hat, windet sich von der Eingangstür durch das Treppenhaus bis in den ersten Stock hinauf. Oben angelangt, wechseln die vermögenden Kunden auf eine eigens durch schlaffe Gummibänder abgetrennte Überholspur des »priority banking«. Blöd nur, dass es auf der »fast lane« für diejenigen, deren Zeit besonders kostbar und deren Geldbeutel besonders dick ist, meist noch langsamer vorwärts geht als bei Krethi und Plethi nebenan. Und so kann man während der Wartezeit nicht nur interessiert verfolgen, was andere Leute so auf ihrem Konto haben, sondern mindestens ein halbes Dutzend Premiumkunden bei ihren Wutausbrüchen beobachten.

Wenn man nicht gerade selbst einen bekommt. Das kann Neulingen durchaus passieren, wenn sie sich in der Bank stundenlang brav angestellt haben, um Geld zu wechseln. Sobald man die Insel verlässt, braucht man ja eine andere Währung, malaiische Ringgit, indonesische Rupien, thailändische Baht und so weiter. Aber ohne Voranmeldung gibt die Bank nicht einmal zehn US-Dollar heraus. Dafür sind die Wechselstuben da. Was für ein absurdes Ansinnen auch, in einer Bank Geld wechseln zu wollen.

Wer weiß, vielleicht will Singapur durch sein Bankwesen auch nur etwas von seinem Streber-Image abrücken und sich einen Hauch gestriger Ineffizienz bewahren. Das wäre dann perfekt gelungen, wie immer.

CNY

Im Vergleich zu Chinese New Year war die Völkerwanderung ein netter Nachmittagsspaziergang. Es ist das größte Fest in diesem Teil der Welt und die einzige Zeit, zu der die Festland-Chinesen Urlaub haben – und zwar alle 1,3 Milliarden!

An Neujahr aber schweifen sie – obwohl inzwischen Reiseweltmeister – nicht in die Ferne, sondern kehren zurück zur Familie. Nach offiziellen Angaben werden in China in diesen Tagen 3,2 Milliarden Trips per Flugzeug, Bahn, Auto und/oder Schiff unternommen, um im trauten Familienkreis das Fest der Feste zu begehen. Heerscharen von Wanderarbeitern legen dafür schon innerhalb Chinas Tausende von Kilometern zurück. Andere reisen eigens aus der Diaspora, aus Singapur, Malaysia, den Arabischen Emiraten oder Australien nach »mainland China«. Wenn man sich bildlich vorstellt, wie sich die Menschenmassen in die Waggons der chinesischen Staatsbahn pressen, fühlt man sich doch morgens früh um acht in der heimischen U-Bahn wieder gleich viel wohler.

Aber bevor es so weit ist, stehen die Heimkehrer erst einmal stunden-, oft sogar tagelang am Fahrkartenschalter. Das Online-Buchungssystem, das 2012 eingerichtet worden war, um eben dieses Schlangestehen zu reduzieren, brach schon Wochen vor den Feiertagen unter dem Ansturm der Reisewilligen zusammen. Millionen Chinesen hatten Stunden vor dem Computer vergeudet, nur um schlussendlich festzustellen, dass die Tickets bereits ausverkauft waren. Der Ärger darüber hat sich in einer Beschwerdeflut biblischen Ausmaßes entladen, die wiederum das komplette Netz lahmgelegt hat – Segen der Technik.

Von solchen Verwerfungen bleibt Singapur zum Glück verschont. Der Übergang von der Weihnachtszeit ins neue Mondjahr, das im Januar oder Februar beginnt, ist ein fließender: Die Christbaumkugeln in der Orchard Road werden ab-, rote Laternen im selben Arbeitsgang aufgehängt. Wo gerade noch Jingle Bells-Gedudel an den Nerven gezerrt hat, betäuben nun die Trommeln und Gongs der Drachentänze die Ohren. Das Christmas-Shopping geht nahtlos in den CNY-Taumel über: Chinese New Year in Singapur.

Praktisch übrigens, dass Rot nicht nur die klassische Weihnachtsfarbe ist, sondern obendrein die Neujahrs-Farbe schlechthin. Erleichtert das Umdekorieren. Auch das ein Ausfluss der Singapurer Effizienz? Nein, in diesem Falle wohl nur »glückliche« Fügung. Dass während der vom ersten Neu- bis zum ersten Vollmond andauernden CNY-Feierlichkeiten alles in Rot schwelgt, kommt daher, dass diese Farbe Glück verspricht und Übel abwehrt. Der Legende nach ist das auf den schrecklichen Drachen Nian zurückzuführen – einer der wenigen bösen seiner Art, denn Drachen sind für die Chinesen üblicherweise das Beste, was einem über den Weg laufen kann. Als Nian sich am ersten

Tag des neuen Jahres über Vorräte und Bewohner eines chinesischen Dorfes hermachen wollte, wurde er auf seinem Beutezug von der roten Kleidung eines kleinen Jungen bis ins Mark erschreckt. Von da an, so die Legende, ließ er seine Finger von den Menschen. Deshalb also rot.

Auch ein alter Mann half der Überlieferung nach den Drachen zu verjagen, indem er ordentlich Krach geschlagen hat. Ihm sind die dröhnenden Drachentänze und die explodierenden Feuerwerkskörper zu verdanken, die jedes Jahr aufs Neue das Böse vertreiben sollen. Dieser chinesischen Tradition steht allerdings der notorische Sicherheitswahn Singapurs entgegen. Hier sind nur hohle Papier-Attrappen von Silvester-Knallern zu bekommen, die man sich als Deko ins Haus hängen kann. Krachen lassen kann man es nicht in Singapur – safety first!

Spätestens jetzt aber, in dieser Zeit des roten Rausches, wird weithin sichtbar, dass die chinesische Seele zwei scheinbar entgegengesetzte Geisteshaltungen auf das Innigste miteinander vereint: Materialismus und Spiritualität – oder auch Geldgier und Aberglauben.

Offiziell huldigen die Chinesen den drei Weisen Fu, Lu und Shou, jeweils zuständig für Glück, Geld und ein langes Leben. Tatsächlich aber genügt es, sich an den Erstgenannten zu wenden, da »Glück« nicht nur der Oberbegriff für alle drei Segnungen ist, sondern *fu* im Chinesischen sowohl Glück als auch Reichtum bedeutet. Und damit es im kommenden Jahr möglichst viel von beidem gibt, wird Fu mit allen erdenklichen Mitteln herbeigewunken.

In erster Linie geschieht das mit Dekorationsartikeln für Haus und Hof. Man könnte meinen, die theoretische Grundlage für den erhofften Geldsegen sei die Redensart »Gleich und Gleich gesellt sich gern«. Denn in Anbetracht des Farb- und Formenspiels der Zieraden scheint man mit allem Runden, also Münzähnlichem, Goldenem oder als Annäherung auch mit der Farbe Orange auf der sicheren Seite zu sein.

Ganz so einfach ist es aber nicht mit der chinesischen Symbolik. Diese beruht zwar zum Teil durchaus auf offensichtlichen Merkmalen wie der Farbe; die meisten Symbole leiten sich jedoch aus der chinesischen Sprache mit ihren vielen Homophonen ab, Lauten also, die gleich oder ähnlich klingen, aber mehrere Bedeutungen haben. Etwa 400 unterschiedliche Laute müssen den Chinesen genügen, um die ganze Welt zu erklären. Allerdings kann jeder Laut entsprechend seiner Intonation zig verschiedene Inhalte haben: Ein Land, eine Sprache voller »Teekesselchen«. Auf diesen Wortspielen beruht das Gros der chinesischen Ikonografie. Man stellt eine Sache dar, meint aber eigentlich etwas ganz anderes, das sich nur so ähnlich anhört.

Beispiel: Eine Skulptur, die einen Affen auf dem Rücken eines Pferdes darstellt, ist mitnichten nur die Skulptur eines Affen auf dem Rücken eines Pferdes. Das Bilderrätsel lässt sich folgendermaßen entschlüsseln: »Affe« ist auf Chinesisch *hou*, was wiederum wie »Beamter« klingt, in China das Lebensziel schlechthin. Als Beamter im Dienste des Kaisers war man nicht nur eine ausgesprochene Respektperson, sondern hatte in der Regel auch genügend Zeit, sich ausgiebig eigenen Interessen zu widmen und wurde dafür noch fürstlich entlohnt. Ein Traumjob also, und vielleicht nicht allzu weit von der westlichen Wahrnehmung des alimentierten Staatsdieners entfernt. »Auf« heißt *shang*, »Pferd« *ma*. *Mashang* zusammengenommen bedeutet deshalb »auf dem Rücken eines Pferdes«. Gleichzeitig klingt es aber auch wie »baldmöglichst«. So entspricht der Anblick eines Affen auf einem Pferd bei den Chinesen dem Wunsch »Mögest Du schon sehr bald einen lässigen, wichtigen und einträglichen Job bekommen«. Kein Wunder, dass man sich etwas schwer tut, Zugang zur chinesischen Kunst zu finden, wenn man kein Mandarin spricht.

Wo wir gerade dabei sind, hier noch ein kurzer etymologischer Exkurs: »Mandarin« kommt vom Portugiesischen »mandar«, befehlen. Erst über die Beamten, die ihre Befehlsgewalt in China, dem größten Mandarinenexporteur, oft weidlich ausgenutzt haben, hat das Wort den Weg zur kleinen Frucht gefunden, die der Nikolaus braven Kindern auf den Teller legt. Aber wer denkt, Mandarinen fänden vor allem in der mitteleuropäischen Vorweihnachtszeit massenhafte Verwendung, hat noch kein CNY erlebt.

Das chinesische Neujahrsfest ist eine wahre Mandarinen-Orgie. Die Früchte sind besonders glückverheißend. Vor jedem Haus, vor jeder Wohnung werden zu beiden Seiten der Eingangstüre vor Mini-Mandarinen überquellende Bäumchen postiert. Als Asien-Neuling in meinem ersten CNY-Zyklus vermutete ich zunächst das Naheliegende: Aus ein paar Metern Entfernung sehen die Bäumchen aus wie zwei ordentlich aufgetürmte Haufen Goldmünzen, so viele kleine goldorangefarbene Früchte, wie dort eng an eng wachsen. Das muss doch auf herkömmliche Goldmünzen geradezu magnetische Wirkung haben – »gleich und gleich …«. Kein Wunder, dass sie vor jeder Türe stehen, dachte ich.

Stutzig wurde ich erst, als ich die vielen Papier-Ananasse von Dachgauben, Sonnenschirmen und Zimmerdecken hängen sah. Ob die ruppige braune Schale viele Goldmünzen anlocken würde? Erst als ich ein wenig fortgeschrittener war, habe ich verstanden, dass dieses Obst das Geld nicht durch bloße Äußerlichkeiten anzieht, sondern wieder einmal Wortspiele dahinter stecken: Mandarinen heißen im Chinesischen *fu*, genau, Glück und Zaster eben. Und »Ananas« ist *ng*, »Reichtum« auf Hokkien.

Tiefer in die chinesischen Dialekte einzusteigen, würde den Rahmen dieses Büchleins sprengen. Bleiben wir bei *fu*, den Mandarinen und dem Glücksgott, den jeder in sein Haus lenken will. Um ihn gnädig zu stimmen, überbieten sich die Chinesen im Schmücken ihrer Hauseingänge – nicht nur mit den Zutaten eines tropischen Fruchtsalates. Auch andere glückverheißende Symbole wie rote Laternen, Girlanden und Fledermäuse hängen am Eingang – letztere verkehrt herum. Fledermaus heißt nämlich – ganz genau: *fu*. Fledermäuse hängen zwar gerne mit dem Kopf nach unten. Entscheidender ist aber, dass »umgekehrt« auf Chinesisch *dao* heißt, und dieser Laut auch für »ankommen« steht. Wo immer also eine Fledermaus mit den Füßen nach oben zeigt oder ein auf den Kopf gestelltes *Fu*-Schriftzeichen an der Türe prangt, werden Glück und Wohlstand einkehren.

Wenn das Glück dann Einzug hält, soll für das neue Mondjahr innen alles taufrisch sein. Und so legt man sich vor

CNY eine neue Garderobe nebst neuen Elektrogeräten und neuer Sitzgarnitur zu. Und weil ein Frühjahrsputz natürlich nicht fehlen darf (wird CNY vielleicht nur deshalb auch »spring festival« genannt?), strotzen die Zeitungen nur so vor ganzseitigen, rot hinterlegten Anzeigen, die beim Kauf eines neuen Wischmopps mindestens »Überfluss, Reichtum und Wohlstand« versprechen.

Die Zahl Acht ist ebenfalls glückverheißend. Anfängerin wie ich war, dachte ich, das läge ganz klar daran, dass die 8 gleich aus zwei Rundungen besteht: rund gleich Münze, gleich ordentlich Moos. Tatsächlich sieht aber 8 auf Chinesisch so aus: 八 – also nicht einmal entfernt geldähnlich. Der Segen der Zahl Acht liegt also wieder in ihrem Klang: *ba* für acht klingt nämlich ähnlich wie *fa* für Wohlstand. Wenn man zu einem Chinese New Year Dinner eingeladen ist, überreicht man dem Gastgeber demnach acht Orangen. Orange übrigens heißt auf Kantonesisch *kum*, Gold.

Der Stellenwert des Gelds wird bei den Chinesen allenfalls von der Bedeutung des Essens übertroffen, weshalb CNY vor allem in kulinarischer Hinsicht ein Fest der Sinne ist. Was es da nicht alles gibt. In jedem Supermarkt wird das normale Sortiment vor die Eingangstüre ausgelagert, weil sich die Regale vor den Feiertagen biegen unter rot verpackten CNY-Spezialitäten.

Als »must« gelten selbst für chinesische Verhältnisse wirklich sehr süße Süßigkeiten. Sie sind so pappig, dass es dem Küchen-Gott, der dank seines Aufenthaltsortes immer bestens Bescheid weiß, was in den eigenen vier Wänden so abgeht, die Lippen zusammenklebt. So kann er dem

Jade-Kaiser, dem Allmächtigen im Himmel, nichts Unvorteilhaftes über die häuslichen Sitten berichten. Durchaus praktisch gedacht.

Aber es gibt auch Herzhaftes. Die größte Delikatesse sind »Abalone«, zu deutsch Seeohren oder Meeresschnecken, die allerdings aussehen wie riesige Muscheln. So viele wie es jetzt zu kaufen gibt, muss es bis vor kurzem im Meer davon nur so gewimmelt haben. Das Besondere an dieser Spezialität ist wohl vor allem ihr Preis. Im Supermarkt unterjährig hinter verschließbaren Glastüren gesichert, werden sie zu CNY an jeder Ecke feilgeboten, gerne auch in einem »hamper«, einem Fresskorb, arrangiert mit anderen Köstlichkeiten wie frittierten Schwimmblasen und Schwalbennest-Essenz. Kostenpunkt: 1.888 Dollar. Aber das zahlt man ja gerne, schließlich spülen so viele 8er das Geld sicher wieder herein. Wer noch eines draufsetzen will, gönnt sich ein CNY Dinner im Hua Ting Restaurant für 8.888 Dollar, immerhin für zehn Personen, und nur wenig teurer als das durchschnittliche monatliche Haushaltseinkommen der Singapurer.

Jeder der 15 Tage andauernden Feierlichkeiten hat seine eigene Bedeutung. Schon am Vorabend des ersten Feiertags findet die Hauptveranstaltung, das gemeinsame Familienessen, statt. Einer Singapurer Sitte zufolge ist das der Abend des großen »Salat-Schleuderns« oder *yu sheng*. Der aus rohem Fisch, Gemüse und verschiedenen Soßen bestehende Salat wird zunächst vom Familienoberhaupt hochgeworfen und mit guten Wünschen für das neue Jahr begleitet. Nach dem Toast stehen alle zum *lo hei* auf, bekräftigen die Wünsche und werfen den Salat mit ihren Essstäbchen so hoch wie möglich. Je höher, desto eher gehen die Wünsche in Erfüllung. Eine ziemliche Sauerei, wie man sich vorstellen kann. Aufgegessen wird der Fisch allerdings nie, denn *yu* steht für Fülle und Überfluss – und kann also qua definitione nie zur Neige gehen.

Nicht nur der Fisch, auch jede Zutat hat eine bestimmte Funktion: Pomelo oder Limette stehen für Glück, Pfeffer soll Geld anziehen; das Öl, mit dem alle Zutaten vermengt werden, bewirkt, dass das Geld gleichsam aus allen Richtungen herbeifließt. Karotte sorgt für Glück, grüner Rettich für ewige Jugend, weißer für gute Geschäfte und Karriere, Sesam hilft hier übrigens auch. Erdnüsse isst man, um das Haus mit Gold und Silber zu füllen, frittierte Kekse in der Form von Goldnuggets, auf dass der Boden gleichsam unter einem Gold-Teppich verschwinde.

Ebenfalls ums Geld dreht sich ein weiterer CNY-Brauch: das Überreichen der *hong baos*, kleiner roter Umschläge, in denen ein bestimmter Geldbetrag steckt. Sie werden mit beiden Händen sowie den Worten »*Gong Xi Fa Cai*«, erwartungsgemäß also dem Wunsch nach Reichtum und Wohlstand, übergeben. Der Geldbetrag darf niemals eine ungerade Summe sein, auch keine Zahl mit vier, da vier (*si*) im Chinesischen zugleich Tod bedeutet. Wichtig ist auch, dass die Banknoten frisch aus der Druckerpresse kommen – es muss ja alles jungfräulich sein zu CNY. Im letzten Jahr hat die Regierung allerdings dazu aufgerufen, nicht auf neuen Geldscheinen zu bestehen, sondern lieber gebrauchte zu bügeln. Spart der Regierung Kosten – und man muss nicht in der Bank anstehen.

Wer welchen Betrag bekommt, ist eine Wissenschaft für sich. Ein interkultureller Trainer hat einen halben Tag darauf verwendet, uns auseinanderzusetzen, wie viel wir den Wärtern unserer Wohnanlage, dem Fahrer des Schulbusses, der Putzfrau im Büro, den Nachbarskinder und allen anderen zu überreichen haben.

Apropos Kinder: Wenn das Jahr des Drachen beginnt, so zuletzt 2012, wird doppelt gefeiert, denn der Drache ist in der chinesischen Mythologie wie gesagt ein gern gesehener Zeitgenosse, der – anständig hofiert – Glück, Fülle und Reichtum beschert, was sonst. Dementsprechend wurde für das Jahr des Drachens ein signifikanter Anstieg der Geburtenrate erwartet, wie er in diesem Teil der Welt alle zwölf Jahre typisch ist.

Im Drachenjahr 1988 zum Beispiel, das wegen der Achter gleich doppelt glückverheißend war, hat in Singapur ein wahrer Ansturm auf Standesämter und Geburtskliniken eingesetzt, hierzulande bekannt unter dem Namen »race of the dragon«. Standesämter mussten Außenstellen einrichten, um den Heiratswilligen Herr zu werden. Die Regierung propagierte, dass eine Geburt so wild ja nun auch nicht sei, und man das Ganze auch bequem ambulant abwickeln könne. Morgens in den Kreißsaal, mittags wieder nach Hause – so ein »baby to go« schafft Platz für andere kleine Drachen.

Neuerdings aber hilft nicht einmal der Drache, die niedrige Geburtenrate Singapurs anzuheben, obwohl er die in seinem Zeichen Geborenen zu führungsstarken, erfinderischen, mutigen, leidenschaftlichen, wenn auch bisweilen egoistischen Persönlichkeiten formt. 2012 hat lediglich einen »Mini-Drachen-Effekt« gebracht, eine Steigerung der Geburtenrate von 1,20 Kindern pro Frau auf 1,29.

Was ist aus den jahrtausendealten chinesischen Traditionen der Astrologie und der Numerologie geworden? Sind die Singapurer inzwischen eine Nation kühl berechnender Analytiker und Rationalisten, die keinen Sinn mehr für das Übernatürliche haben?

Wohl kaum.

Hungrige Geister

Singapurer sind *patang*, abergläubisch. Das sieht man schon, wenn man seinem Taxifahrer einmal auf die Finger schaut. Zumindest wenn er chinesischer Abstammung ist, trägt er mit hoher Wahrscheinlichkeit den Nagel an seinem kleinen Finger sehr, wirklich sehr lang. Das machen deutsche Handwerksmeister zwar auch, um zu demonstrieren, dass sie bei der Arbeit nicht mehr selbst mit Hand anlegen müssen. Bei den Chinesen hat dieser Trend jedoch einen anderen Hintergrund: Sie glauben, dass all diejenigen vom Glück begünstigt sind, deren kleiner Finger über das mittlere Glied des Ringfingers hinausragt. Da aber nur die allerwenigsten in den Genuss dieser anatomischen Anomalie kommen, wird dem Schicksal eben etwas auf die Sprünge geholfen und der Nagel so lange stehen gelassen, bis die körperlichen Voraussetzungen zum Glückspilz erfüllt sind.

Fingernägel sind interessanterweise Kern diverser Überlieferungen. Für die Malaien ist das Schneiden der Nägel ähnlich problembehaftet wie für die Chinesen, und zwar unabhängig von der Position der zugrunde liegenden Extremität. Man kann sich vorstellen, dass das auf Dauer zu ziemlichem Wildwuchs an Händen und Füßen führen würde, gäbe es da nicht folgende Spezifikation: Unbill droht nur dann, wenn die Nagelschere nächtens angesetzt wird.

Inder indes sollten es nicht versäumen, die frisch geklippten Nägel sofort aufzukehren. Falls nämlich jemand auf die Hornschnipsel tritt, könnte er dem frisch Manikürten zum Feind geraten.

Derartige Nagelbräuche gehören wohl relativ unstrittig ins Reich des Volksglaubens. In anderen Fällen jedoch begibt man sich mit einer Einteilung in die Schubladen Glaube und Aberglaube auf ein Minenfeld. Was für die einen heilige Wahrheit ist, belächeln andere als Spinnerei. Mit einer Kategorisierung wollen wir uns deshalb auch gar nicht aufhalten. In Singapur begegnet man ohnehin meist einem synkretistischen Gemisch aus Buddhismus, Konfuzianismus, Taoismus, Feng Shui, Animismus und Mystizismus. Was zählt, ist das, woran man gerade glaubt. Egal ob es der mächtige Feigenbaum an der Dunlop Street ist, der, mit einer goldgelben Schärpe geschmückt, mitten im geschäftigen Treiben von Little India an kleinen Altären verehrt wird. Oder die taoistische Königin des Westens, in deren Garten in den Kunlun-Bergen Pfirsiche wachsen, die nur einmal in 3.000 Jahren reifen. Wer davon kostet, erlangt ewiges Leben. Prophylaktisch statten ihr also die acht Unsterblichen, taoistische Gottheiten, zu deren physiognomischer Besonderheit übrigens quadratische Pupillen zählen, turnusmäßig einen Besuch ab. Wenn sie Glück haben, wird ihnen vorher ein Festmahl aus Bärenpranke, Affenlippe und Drachenleber serviert, so zumindest ist die Menüfolge in den alten Schriften überliefert.

Mathematisch-nüchterner geht es in einer anderen Sparte des Taoismus zu, der Numerologie. Ein Thema, mit dem sich insbesondere werdende Eltern intensiv befassen müssen. Denn für das Neugeborene einen passenden Namen zu finden, ist bei den Chinesen eine Wissenschaft für sich. Wichtig ist die Bedeutung des Namens, aber ebenso das Element, für das er steht, und – vor allem – die Anzahl der Striche, aus denen sich dessen chinesische Zeichen zusammensetzen. Die Strichzahl nämlich bestimmt, ob der Vorname Yin oder Yang ist. Und nur die richtige Zusammensetzung von Yin und Yang im Namen kann sicherstellen, dass das Glück seinem Träger hold ist. Ausschlaggebend dafür ist nicht nur der zu wählende Vorname, sondern die Anzahl der Striche im gesamten Namen, bestehend aus zuvorderst dem Familiennamen, dem mittleren Generationennamen und schließlich an dritter Stelle dem »Vor«-Namen. Je nachdem, welchen Wunsch man seinem Kind mit auf den Lebensweg geben möchte, wählt man die entsprechende Zahl der Striche. Erhofft man für seinen Stammhalter ausgeprägte Leadership-Qualitäten, dass er also »wie ein Kranich unter Hähnen heraussteche«, sollte sein Name aus insgesamt 48 Strichen bestehen. Von der Gesamtsumme sind zunächst die Striche für Familien- und Generationennamen abzuziehen; diese Differenz wird dann noch um einen Extrastrich reduziert. Und schon hat man die optimale Anzahl an Strichen für den Vornamen. Diese sind jetzt nur noch so zu arrangieren, dass sie ein Zeichen mit größtmöglichem Glücksversprechen ergeben.

Zahlen haben in China ohnehin eine sehr große Bedeutung. Von den *hong baos* wissen wir ja schon, dass *si*, also die Vier, denkbar ungünstig ist, weil sie klingt wie der Tod. Deshalb sind auch Wohnungen im vierten Stock billiger zu haben als in anderen Etagen. Dass unsere Familie ein unbelastetes Verhältnis zu Zahlen hat, erspart uns ein paar Hundert Dollar Miete im Monat. Der vierte Stock ist allerdings eigentlich auch erst der dritte. Die Singapurer bezeichnen das Erdgeschoss nämlich als ersten Stock. Vielleicht hat das damit zu tun, dass Chinesen die Geburt bereits als ersten Geburtstag ansehen, also von Anfang an ein Jahr alt sind.

Dank der Numerologie ist auch die Preisgestaltung in Singapur anders als im Westen. Europäer und Amerikaner sind offenbar recht einfach gestrickt, sie lassen sich bekanntlich durch Unterbieten optischer Preisschwellen leicht zu einem Kauf verleiten. 9,99 Euro verkauft sich besser als 10 Euro, jedenfalls in der westlichen Hemisphäre. Nicht, dass die Asiaten diese gebrochenen Preise nicht kennen würden. Das Marketing der Chinesen ist jedoch weitaus vielschichtiger, denn ihnen kommt es auch auf die Bedeutung der Zahl an. Zwar ist die Neun die höchste glücksbringende Zahl in China und war deshalb dem kaiserlichen Hof vorbehalten. Neun heißt *jiu* und klingt wie »ewig« oder »unsterblich«. Deshalb spielt sie auch eine zentrale Rolle in der Verbotenen Stadt: Besucher des Kaisers mussten neun Kotaus machen, die Palasttore sind mit neun mal neun Messingknäufen verziert und Kaiser und Hofstaat sollen dort in 9.999 Gemächern residiert haben.

Dem Business ist die Neun aber weniger zuträglich, hier sind Sechser oder Achter angezeigt. Päonien-Gemälde, Glückshunde oder Bordeaux-Weine müssen mindestens eine davon im Preis haben (die Weine natürlich auch im Jahrgang), sonst ist mit dem Verkauf nichts gewonnen. Sechs ist *liu* und hört sich damit ähnlich an wie *lu*, Vermögen. Gleichzeitig heißt *liu*, dass alles rund läuft, was man sich beim Geschäft natürlich auch wünscht.

Dass die Acht Reichtum beschert, wissen Sie von CNY. Noch besser als Reichtum ist jedoch leicht verdienter Reichtum. Hier hilft die Zwei, die für »einfach« steht. Um das Loch, das der Erwerb des schwarzen Maserati möglicherweise kurzfristig in den Geldbeutel unseres Nachbarn gerissen hat, ohne große Plackerei wieder aufzufüllen, hat er für sein Nummernschild dementsprechend die Zahlenkombination 2828 gewählt. Doppelt genäht hält besser, auch wenn er dafür wiederum eine hohe fünfstellige Summe – zusammengesetzt aus entsprechend vielen Zweiern und Achtern – hinlegen musste.

So erklären sich auch die 28 Kabinen des Singapore Flyer, des Riesenrads an der Marina Bay, das eine Runde in 28 Minuten dreht. Hier ist die Rechnung für den Betreiber jedoch nicht aufgegangen. Das Fahrgeschäft schrieb von Anfang an rote Zahlen.

Das hat sich auch nicht geändert, nachdem das Rad die Laufrichtung geändert hatte. Ursprünglich drehte es sich so, dass zumindest für einschlägige Experten offensichtlich war, was die Finanzkrise 2008 ausgelöst hatte: So wie sie sich bewegten, schaufelten die Kabinen das gesamte Geld, das im Central Business District erarbeitet wurde, hinaus Richtung Osten, wo es im Meer versank. Nachdem endlich erkannt war, woher die Krise rührte, musste also nur mehr die Fahrtrichtung des Flyer umgestellt werden. Sobald das Rad so lief, dass die Wagen das Geld aus dem Meer hoben und zurück in die Bankentürme wuchteten, ging es mit der Wirtschaft wieder bergauf. Die Bilanz des Singapore Flyer verbesserte sich allerdings trotzdem nicht.

Das alles hat mit Feng Shui zu tun, wörtlich übersetzt »Wind und Wasser«. Diese Jahrtausende alte geomantische Lehre strebt die Harmonie von Bauwerken mit ihrer Umgebung und der kosmischen Energie an, was ihren Bewohnern zu Glück und Reichtum verhelfen soll. Manchmal kommt Feng Shui allerdings erst verspätet zum Einsatz, zum Beispiel wenn einem Hotelier sein Gewinn zu dürftig erscheint. Dann setzt ein nachträglich zu Rate gezogener Feng Shui-Meister gegen ein fünfstelliges Honorar mit entsprechend vielen Achten einen Brunnen an die richtige Stelle oder stellt die Türe schräg. Und schon strömt die kosmische Energie nicht mehr am Eingang vorbei, sondern wird lukrativ ins Hotel umgelenkt.

Dass das Qi in seinem Fluss empfindlich gestört wird, wenn unter ihm U-Bahn-Tunnels gegraben werden, ist leicht nachvollziehbar. Während der Planung der Singapurer MRT Anfang der 70er Jahre hat sich ein besorgter Feng Shui-Meister zu Wort gemeldet, der fürchtete, dass dieser fundamentale Landfriedensbruch seiner Stadt schlecht bekommen würde. Da er aber ahnte, dass sich der Premierminister nicht so einfach von seinen Infrastruktur-Plänen würde abbringen lassen, schlug er Lee Kuan Yew ein mögliches Gegenmittel vor: Das Unheil könnte abgewendet werden, wenn jeder Singapurer stets ein *bagua* bei sich trüge. *Bagua* ist ein taoistisches Symbol, ein Achteck (acht = *ba*), bestehend aus acht Trigrammen (*gua*). Trigramme wiederum sind Zeichen aus jeweils drei Linien, die – durchgezogen oder unterbrochen – die unterschiedlichen Kräfteverhältnisse von Yin und Yang darstellen. Nach der Feng Shui-Lehre kann ein *bagua* den richtigen Fluss des Qi wieder herstellen und Unglück verhindern. So weit, so gut. Das Problem war nur, dass LKY seine Bürger schlecht zwingen konnte, immer mit einem Bagua herumzulaufen. Wenn jedoch etwas, dass jeder Singapurer immer bei sich hat, das Bagua-Octagon trüge, stünden alle Singapurer stets unter dem Schutz des Feng Shui. Das ist zumindest eine Erklärung dafür, warum die Singapurer Ein-Dollar-Münze ihre achteckige Prägung hat.

Die Meister ihres Fachs sind sich allerdings bei Weitem nicht immer einig. So zum Beispiel bei Singapurs riesenhaftem Maskottchen, dem Merlion, einer Kreuzung aus Meerjungfrau (mermaid) und Löwe (lion). Marketingprofis ersannen diesen Hybriden, der auf die historischen Wurzeln der Nation anspielt. Singapur lebte schon immer vom Seehandel, deshalb auch sein ursprünglicher Name »Temasek«, übersetzt die »Stadt am Meer«. Erst als Prinz Sang Nila Utama bei seiner Landung auf der Insel ein Geschöpf mit leuchtend rotem Körper und pechschwarzem Kopf entdeckte, das er als Löwen und somit als gutes Zeichen deutete, wurde sie in »Singa Pura«, »Löwen-Stadt«, umbenannt. Einigen Quellen zufolge war das im 12., anderen zufolge im 14. Jahrhundert, in jedem Falle aber vor langer Zeit. Nun kann man von guten Omen nicht erwarten, dass sie ewig gelten. Als Singapur um die Jahrtausendwende gebeutelt wurde von der Finanzkrise, sah man eine mögliche Ursache darin, dass der Merlion an der Marina Bay am falschen Fleck stand. Hatte sich der Feng Shui-Master etwa mit dem Standort vertan? Man versuchte es damit, das Wahrzeichen ein paar hundert Meter zu verrutschen. Offiziell begründet wurde diese Maßnahme damit, dass die Sicht auf den Merlion durch die 1997 erbaute Esplanade Brücke versperrt würde. Aber damit war die Sache noch nicht erledigt. Der

Streit zwischen den Experten flammte wieder auf, als am 28.2.2009 ein Blitz in das Wahrzeichen einschlug. War das ein weiteres schlechtes Vorzeichen, weil der Merlion noch immer ungünstig platziert war? Oder stand er im Gegenteil eben gerade an der rechten Stelle, schließlich hat er den Blitz auf sich gezogen und so größeres Übel von der Stadt abgewendet?

Nichts gegen die Standortoptimierung von 70-Tonnern, auch nichts gegen das Aufstellen von Brünnchen und Spieglein in den eigenen vier Wänden, wie es seit Jahren auch von westlichen Esoterikern praktiziert wird. Besonders wichtig aber ist das richtige Feng Shui in Hinblick auf die Lage von Gräbern und Tempeln. Zwei grundlegende Voraussetzungen müssen dabei erfüllt sein: Ahnen wie Götter sollten stets einen schützenden Hügel im Rücken, und Wasser vor der Nase haben. Und zwar ruhig dahinplätscherndes Wasser, keine spritzenden Fontänen wie in Versailles. Feng Shui-Anhänger fürchten bei zu ungestümem Nass, dass dadurch Geld verschleudert werden könnte. Ganz Unrecht haben sie damit womöglich nicht, wie die französischen Könige eindrucksvoll demonstriert haben.

Der Tian Hock Keng Tempel in der Telok Ayer Street ist Feng Shui-mäßig jedenfalls ideal aufgestellt: im Rücken der Ann Siang Hill, die heutige Partymeile, und vorne raus das südchinesische Meer. Früher zumindest. *Telok* heißt auf Malaiisch Küste, *ayer* Wasser. Wer von den armen südlichen Provinzen Chinas bis hierher durchgekommen war, hatte es geschafft. Als Dank für die heile Ankunft haben chinesische Immigranten Mazu, der Göttin der Seefahrer, 1839 diesen Tempel geweiht. Heute allerdings ist von der

See nichts mehr zu sehen. Wo einst die Boote der Einwanderer festmachten, ragen jetzt die Türme des Central Business District in den Himmel, alles auf aufgeschüttetem Land. Das heutige Singapur ist bereits zu einem Viertel dem Meer abgerungen.

Wie man sich denken kann, ist es dem Feng Shui nicht gerade dienlich, das Wasser vor dem Tempel der Meeresgöttin zuzubetonieren. Doch die Singapurer finden immer einen »way around«. In dem Bürogebäude, das sich nun dort erhebt, wo ehemals die Wellen ans Ufer schlugen, hat der Architekt in dem vorgezogenen Dach zwei große mandelförmige Aussparungen vorgesehen. Wenn man im Tempel steht und nach oben blickt, sehen sie aus wie die Augen eines riesigen Wasserdrachens, der sich aus den Fluten erhebt. Feng Shui wieder hergestellt.

Zwei Drachen auf der Suche nach der Perle der Weisheit krönen auch das Dach des Tempels. Der elegante Aufwärtsschwung an beiden Enden des Firstes, auf dem die Drachen balancieren, ist dabei kein bloßer ästhetischer Kunstgriff, sondern purer Pragmatismus. Sein Zweck: Die beiden nach oben gebogenen Enden des Daches sollen die aus den Lüften herabsausenden bösen Geister, die sich im Sturzflug dem Gotteshaus nähern, durch den angedeuteten Looping wieder zurück in den Orbit schleudern. Auf dass sie endlich die Finger vom Tempel lassen. Form follows function.

So sind zwar die Angreifer aus den Lüften abgewehrt, nicht aber die Geister, die zu Fuß unterwegs sind. Ihnen ist beizukommen, indem man schlicht die Schwelle am Tempeleingang erhöht. Das erschwert nicht nur den offenbar recht ungelenken Geistern den Eintritt in den Tempel, sondern hält auch noch die Flut draußen. Zudem veranlasst es Besucher zu einer Geste der Demut. Bei Überschreiten der Schwelle neigt man automatisch den Kopf, um nicht zu stolpern – und bezeugt den Göttern auf diese Weise seinen Respekt.

Für den Fall, dass ein Geist es aber doch bis ins Innere des Tempels geschafft hat, gibt es einen letzten Schutz. Ein Paravent, vor dem Hauptaltar aufgebaut, fungiert als ultimative und unüberwindliche Hürde für unwillkommene Besucher aller Art. Wenn sie schon nicht ganz so steif in den Gliedern sind wie angenommen, sind sie doch zumindest geistig so unbeweglich, dass sie nur geradeaus gehen können. Sie prallen also zwangsläufig gegen die Stellwand und haben dann hoffentlich endgültig die Nase voll.

Ein solcher Abwehrschirm, zusätzlich zu den obligatorischen *fu*-Hunden oder Löwenpaaren, schützt auch viele Privathäuser. Man kann sich aber auch behelfen, indem man einen, besser zwei gegenüberliegende Spiegel im Eingangsbereich aufhängt. Der böse Geist, naturgemäß von grässlicher Gestalt, erblickt beim Eindringen in die Wohnung sein eigenes Äußeres, erschrickt zu Tode, und Ruhe ist.

Aber zurück zum Tempel: Er ist auch deshalb so gefragt, weil er Ratsuchenden Hilfe verspricht in allen Angelegenheiten rund um Geschäft und Familie, einschließlich potenzieller Heiratskandidaten. Wer eine Antwort sucht, befragt im Tempel ein Orakel in Form von Bambusstäbchen, die er, vor *Mazu* kniend, gekonnt aus einem Köcher herausschüttelt. Die Kunst ist, nur eines der insgesamt 100

Stäbchen herauszuschütteln, was sich leichter anhört, als es ist.

Jedes Stäbchen trägt eine Nummer, die im Behälter nach unten zeigt und nicht sichtbar sein darf, um jegliche Schiebung zu vermeiden. Die Zahl, die nach dem Schütteln auf dem Boden liegt, ist der Schlüssel zur Lösung des Problems. Im Wong Tai Sin Tempel in Hongkong zum Beispiel geht man mit dieser Nummer zu einem der unzähligen Weissager, der den entsprechenden Orakel-Vers zieht und gegen Honorar interpretiert. Das dürfte hilfreich sein bei Versen der Sorte: »Das Kerzenlicht vor dem Winde wirft schwankende Schatten. Sie gleichen den Blüten unter den Weiden.«

In Singapur wurde dieses System weiterentwickelt und so rationalisiert, dass man die Antwort auf seine Frage selbst im ausliegendem Infomaterial nachschlagen kann – kostenlos. Aber wie immer, wenn etwas umsonst ist, kann man auch nicht allzu viel erwarten. Das heißt, es bleibt eine gewisse Restfehlerwahrscheinlichkeit. Um diese zu minimieren, liegen die *sin pui* bereit, zwei rote lippenförmige Holzstücke, die auf einer Seite flach, auf der anderen gewölbt sind. Fallen beide Hölzer beim Wurf auf die flache Seite, so bedeutet dies nach der Yin Yang-Lehre »nein«, sprich das Orakel hat sich getäuscht. Fallen sie auf unterschiedliche Seiten (ein ausgeglichenes Yin Yang), ist es ein »ja«, man sollte dem Orakel also lieber folgen. Kommen beide Holzstücke auf der gekrümmten Fläche zu liegen, heißt das in etwa: »Was für eine dämliche Frage«.

Das Schöne am Tian Hock Keng Tempel ist, dass er sehr eindrücklich den Synkretismus widerspiegelt, die Vermengung verschiedener Anschauungen und Religionen, die auch viele andere chinesische Tempel kennzeichnet. Neben Mazu wird hier auch Buddha und seiner Boddhisatva Guan Yin, Laoze, Guang Gong und Konfuzius gehuldigt. Je nach Art des Problems.

Ein großes Anliegen sind den leistungsorientierten Singapurern die Noten ihrer Kinder. Dafür ist Konfuzius zuständig, der bereits im sechsten Jahrhundert vor unserer Zeitrechnung der Bildung eine Lanze gebrochen hat. Kein Wunder, dass er im Land der »high performer« und »over achiever« besonders verehrt wird. Eltern stecken nicht nur ihren Nachwuchs in »tuition« und »enrichment classes«, sie stecken auch Konfuzius etwas zu, auf dass er ihren Kindern zu noch besseren Leistungen verhelfe. In asiatischen Tempeln steht neben jeder Gottheit eine Spendenbox – auch der große Philosoph wurde längst in den Rang einer solchen erhoben. In den Wochen vor den Prüfungen würde das Schicksal leichtfertig herausfordern, wer Kong Fuzi nichts zukommen ließe. Und weil niemand dieses Risiko eingehen will, ist Konfuzius' Geldkassette die einzige, die selbst in Singapur mit einer dicken Stahlkette gesichert werden muss. Jeder weiß, hier würde es sich lohnen …

Auch das auf Konfuzius zurückgehende Gebot der kindlichen Pietät, des Respekts, den Kinder ihren Eltern entgegenzubringen haben, findet seinen Niederschlag in chinesischen Tempeln. Ehre soll den Eltern nicht nur zu Lebzeiten zuteilwerden, sondern über den Tod hinaus. War es früher üblich, den verstorbenen Eltern zu Hause an einem Ahnenaltar zu huldigen und sie weiter am eigenen Leben teilhaben zu lassen, werden die Altvorderen heute zunehmend »outgesourct« und extern von Tempelpersonal betreut. Ein paar Meter entfernt von der Konfuzius-Nische im Tian Hock Keng Tempel können die Nachkommen einen Stellplatz von ein paar Zentimetern hinter einer Glasvitrine mieten, wo die Ahnentäfelchen aufgestellt werden. Der Preis dafür richtet sich wie im Theater nach der Platzierung. Wer seinen Eltern einen Platz in der ersten Reihe sichern möchte, muss entsprechend mehr hinblättern. Dafür ist ihnen so ein gewisser Vorsprung zum Gabentisch vor dem Glaskasten gewiss, auf dem die Kinder zu besonderen Anlässen Styroporboxen mit dampfendem Laksa, Chicken Rice oder anderen Leibspeisen auftragen.

Die konfuzianische Eltern-Kind-Beziehung ist sehr hierarchisch und somit für den westlichen Geschmack reichlich asymmetrisch. Der Taoismus jedoch sorgt für Ausgleich. Er besagt, dass Ahnen, die im Jenseits gut von ihren Kindern behandelt werden, im Gegenzug etwas für ihre Nachfahren im Diesseits tun können – etwa als Vermittler zwischen Himmel und Erden ein gutes Wort einlegen. Eine Hand wäscht die andere.

Wehe aber, die Ahnen werden nicht gut behandelt! Dann nämlich kehren sie als »hungrige Geister« zurück und verbreiten Angst und Schrecken. Während des siebten Monats des Mondkalenders nämlich, im Juli oder August, werden die Pforten der Hölle geöffnet und die Geister können zur Erde zurück, um sich noch einmal den Bauch vollzuschlagen. Manche nutzen diesen Ausgang, um sich an den Lebenden zu rächen, zumal wenn sie mit der Bewirtung nicht zufrieden sind. Also stellt man besser sicher, dass die Geister gut speisen und es ihnen auch ansonsten an nichts fehlt.

Dazu werden während des »Hungry Ghost Festival« kleine Blechtonnen am Straßenrand aufgestellt, auch an den denkbar unheiligsten Stellen, zwischen Mülltonnen oder am Zubringer zur sechsspurigen Stadtautobahn. Um die Tonnen herum sind Leckereien für die Geister aufgereiht und in der Erde stecken Räucherstäbchen. Sie sind das Kommunikationsmedium für den Plausch mit den Ahnen. Ihr Rauch trägt Wünsche, Gebete und Geplauder in den Himmel.

Die Hauptsache passiert aber in den Blechkübeln, kleinen Öfen, in denen Papiernachbildungen von allem, was den Eltern lieb und teuer war, verbrannt werden. Auch hier lässt man mit dem aufsteigenden Rauch den Vorfahren all die Dinge zukommen, die sie im Jenseits vermissen könnten. Das kann ein Sixpack Tiger Beer sein, ein Flachbildfernseher nebst Fernbedienung, ein iPad, ein Lamborghini, eine Birkin Bag, ein schicker Bikini oder ein ganzes Haus inklusive Dienstboten, alles aus Papier. Wobei man sich fragen mag, wozu sie im Jenseits überhaupt ein Auto, geschweige denn einen Lamborghini brauchen, wo sie doch fliegen können, wie es ihnen gefällt.

Immer nützlich ist dagegen Bares. »Hell money« gibt es in jeder Stückelung bis 888-Milliarden zu kaufen, zur Not kann man sich auch mit dem bewährten Verrechnungsscheck behelfen. Denn die Chinesen kennen nicht nur eine, sondern gleich zehn Höllen, und die Strafen für etwaige Verfehlungen sind nichts für Zimperliche. Da kann es nicht schaden, wenn man dem Folterknecht ein paar Scheinchen zustecken kann. Was der mit der 888-Milliarden-Dollar-Note ausgefressen hat, möchte man gar nicht so genau wissen.

Übrigens, wer sich ein Bild von diesen weit über das Danteske hinausgehenden Höllen-Torturen machen will, dem sei die Haw Par Villa, eine Art Märchenwald der chinesischen Mythologie, empfohlen. Aber, und hier ist die Warnung wirklich angezeigt: Das ist nichts für zarte Gemüter.

Um den Geistern ihren Monat auf Erden zu versüßen, werden zudem zahlreiche Chinesische Opern oder *ge tais*, Gesangsveranstaltungen im Freien dargeboten. Ansonsten aber verläuft das Leben im siebten Monat ruhiger als sonst, man ist vorsichtig. Wer weiß, wer da noch Rechnungen offen hat. Swimming Pools sind unbedingt zu vermeiden, man geht früh nach Hause und versucht, sein Schicksal nicht herauszufordern. Für Umzüge in ein neues Heim, eine Geschäftseröffnung oder eine Hochzeit ist die Zeit denkbar ungünstig.

Manche heiraten jedoch trotzdem im Geister-Monat, denn dank der geringen Nachfrage ist eine Hochzeit in diesen Wochen nur halb so teuer. Aber auch Singapurer, die sich das trauen, also kein bisschen *patang* sind, werden immer einen großen runden Tisch frei lassen, hübsch eingedeckt wie alle anderen. Schließlich wissen sie, dass sie ein paar ungebetene Gäste haben werden, die mitessen wollen. Besser, man lässt sie.

Being Singaporean

Singapur ist eine junge Nation, mehr oder weniger zufällig entstanden, und vermutlich die einzige, die drei Mal innerhalb von sechs Jahren ihre Unabhängigkeit erklärte: 1959 erlangte die bis dato britische Kronkolonie das Recht auf Selbstverwaltung, 1963 schloss sich die Insel nach einem Referendum, das kaum etwas anderes zuließ, mit der malaiischen Halbinsel sowie den Regionen Sabah und Sarawak auf Borneo zusammen. Aus Malaya wurde Singapur zu Ehren die Föderation MalaySIa, geografisch gesehen eine etwas ungewöhnliche Konstellation. Tatsächlich war sie dem Proporz der Ethnien geschuldet. Beim Design des neuen Staates fürchteten die Malaien die Überzahl der in Singapur ansässigen Chinesen und suchten, dieses Ungleichgewicht durch die malaiischen Einwohner Sabahs und Sarawaks wieder wettzumachen.

Dieses Malaysia war allerdings nur von kurzer Dauer. Schon 1965 wurde Singapur wieder aus dem Nest geworfen. Singapurs erster Premierminister Lee Kuan Yew vergoss darüber Tränen, die in die Annalen eingingen. Während seiner Ansprache brauchte er eine zwanzigminütige Unterbrechung, um seine Fassung wieder zu erlangen. Sein Gefühlsausbruch war wohl tatsächlich weniger diplomatischer Dramaturgie als echter Besorgnis über das Schicksal der kleinen Insel geschuldet, die ins kalte Wasser geworfen wurde und nun alleine schwimmen musste – ohne Energiequellen, ohne Rohstoffe, ohne Hinterland, ohne Trinkwasser. Dafür mit einer explosiven Mischung aus multiethnischer Bevölkerung, hoher Arbeitslosigkeit und eklatantem Wohnungsnotstand.

Er war nicht der einzige, der schwarz sah für die Zukunft des »little red dot«. Albert Winsemius, der damalige Chef der Weltbank, hatte Singapur schon nach seinem Besuch 1960 aufgegeben (später freilich trug er als wirtschaftlicher Berater entscheidend zu dessen rasantem Aufstieg bei). Angesichts der scheinbar aussichtslosen Lage zog sich LKY nach Singapurs Ausschluss für sechs Wochen aus dem operativen Geschäft zurück. Eine Zeit der Sammlung, Erholung und offenbar auch des Anlaufnehmens. Seitdem zeigt Singapur dem Rest der Welt, was es drauf hat. Innerhalb einer Generation hat der Stadtstaat den Sprung von der Dritten in die Erste Welt geschafft. Weltweit erwirtschaftet er das siebthöchste Bruttoinlandsprodukt pro Kopf. In Kaufkraft bemessen liegt der Lebensstandard der Singapurer nur hinter dem von Katar und Luxemburg. Singapur belegt Spitzenplätze in den PISA-Statistiken, hat die am wenigsten korrupten Behörden und ist eine der sichersten Städte der Welt. Fragt man einen Singapurer im Ausland, wo er herkomme, wird er deshalb mit Stolz sagen, er sei Singapurer. Es wäre schlimm, wenn es anders wäre – nach allem, was der Staat dafür aufbietet.

Zunächst einmal geht es darum, den drei Millionen Singapurer Bürgern Selbstbewusstsein zu vermitteln – insbesondere in Anbetracht der erdrückenden Übermacht seiner nächsten Umgebung: 30 Millionen Malaysier jenseits der Brücke zum Festland, 250 Millionen Indonesier in paar Kilometer über das Meer, soweit die muslimische Nachbarschaft. Und auch nicht allzu weit entfernt noch 1,3 Milliarden Festland-Chinesen.

Die Regierung hält dagegen mit einem Verteidigungsetat von 12,3 Milliarden Dollar, der rund ein Viertel des gesamten Staatshaushalts ausmacht. Damit gibt Singapur pro Kopf so viel für Verteidigung aus wie kaum ein anderes Land. Es ist der fünftgrößte Waffenimporteur weltweit, nach China, Indien, Pakistan und Südkorea. Seine Verteidigungspolitik basiert auf den drei D: »diplomacy, deterrence or defeat«, also Diplomatie, Abschreckung oder Vernichtung. »See first, think quicker, kill faster«, ist das Motto der Militärausbildung.

Selbstbewusstsein und Heimatliebe werden am augenfälligsten am Nationalfeiertag, dem 9. August, auf den schon Wochen vorher der Krach von Kampfflugzeugen einstimmt, die ihre Synchronflüge proben. Abertausende Fähnchen in Singapurs Nationalfarben rot und weiß zieren in der ganzen Stadt, pardon, im ganzen Land die Brüstungen der HDBs. Nach allem anfänglichen Unbehagen begeht Singapur den Jahrestag seiner Unabhängigkeit von Malaysia mit umso größeren Pomp und Spektakel, mit militärischem Schaulaufen und einer vor Kanonen strotzenden Parade. Mit Panzern, Düsenjets und Fallschirmjägern zeigen die Singapurer sich und der Welt, dass man mit ihnen rechnen muss. Der Schrecken über die 1942 auf Fahrrädern in Singapur eingefallenen Japaner wirkt offenbar immer noch nach.

Aber zur NDP, zur National Day Parade, lässt Singapur nicht nur seine Muskeln spielen, es demonstriert auch, wie gut organisiert es ist. Jeder Zuschauer erhält einen Rucksack mit der vollen Ausrüstung für das Großevent: Regenschirm, Schal, Regencape, Sonnenschutz, Kaltgetränk, Kekse und Lutschbonbons – Kaugummi allerdings nicht. Nicht jedem ist es vergönnt, live dabei zu sein. Die Marketingleute im Ministerium wissen, wie man Begehrlichkeiten weckt: Die Karten werden verlost. Die Auserwählten jubeln, gewandet in den Nationalfarben rot-weiß, begeistert den vorbeiziehenden Torpedos und Kanonen zu. Manche verkaufen allerdings ihr großes Los auch auf eBay.

Heimatliebe wird am besten früh gesät. Dazu wurde das Discovery Centre ins Leben gerufen. In dieser »edutainment«-Einrichtung steht mit Robotern, interaktiven Bildschirmen, Fernsehstudios und Quizshows alles an Technik und Programm bereit, was die junge Multi-Media-Generation zu stolzen Singapurern erziehen könnte. Hauptattraktion ist eine militärische Kommandozentrale, von der aus schon Knirpse Krieg spielen können, wahlweise gegen einzelne Terroristen oder ganze Schurken-Staaten. Das soll den Buben schon einmal den bevorstehenden zweijährigen Militärdienst schmackhaft machen.

Das zivile Pendant zur NDP ist die Chingay Parade, mit der die chinesischen Neujahrfeierlichkeiten ihren Abschluss finden. Der Name geht auf den Ausdruck *zheng yi* zurück, was in Hokkien »die Kunst der Maskerade« bedeutet. Lee Kuan Yew führte diese Volksbelustigung Anfang der 1970er-Jahre ein, nachdem er erkannt hatte, dass er den Singapurern einen Ersatz für die aus Sicherheitsgründen verbotenen Silvester-Kracher und Feuerwerkskörper schuldete.

Die Parade ist eine bizarre Mischung aus Karnevalsumzug und Gesinnungsaufmarsch, der die verschiedenen Ethnien Singapurs zusammenschweißen soll. Für 60 Dollar Eintritt lauschen die Besucher einer Ansprache des Präsidenten und wedeln nach der Ode an die Rechtschaffenheit den haushohen Pappmaché-Wagen mit Cheerleader-Puscheln zu. Und da offenbar nicht nur Liebe durch den Magen geht, sondern auch das nationale Zusammengehörigkeitsgefühl, wird die Parade gekrönt von einem Senioren-Hawker-Marsch. Betagte Herrschaften symbolisieren Kochlöffel schwingend die Vielfalt von Küche und Bevölkerung Singapurs, indem sie Garküchen-Attrappen, beschildert mit diversen Spezialitäten, vor sich her schubsen.

In einem Land, in dem Essen Nationalsport ist, lässt sich seine Bevölkerungsmischung eben am ehesten kulinarisch beschreiben: Singapur wird oft mit einem Teller Rojak verglichen. In der lokalen Variante ist das eine Art Salat, eine bunte Mischung süßer, bitterer und scharfer Ingredienzien in einer sämigen Krabbenpaste. In diesem Potpourri behält jedes einzelne Obst- oder Gemüsestückchen seinen eigenen unverwechselbaren Geschmack, und doch ist es erst die besondere Mischung, die ein gutes Rojak ausmacht.

Das trifft auch auf Singapur als Gesellschaft und Nation zu: In der U-Bahn sitzen Chinesinnen im Minirock zwischen muslimischen Malaiinnen mit schwarzem Kopftuch und Inderinnen im bauchfreien Sari. Bei unserem Abschiedsessen im Restaurant amüsierte sich eine lustige Damenrunde am Tisch neben uns. Eine Singapurerin hatte ihre Freundinnen zu ihrem Geburtstag eingeladen. Eine davon hatte züchtig ihr Haar bedeckt und war in lange Gewänder gehüllt. Eine andere trug ein hautenges Kleid und Strass-beladene High Heels. Alle waren bester Laune, fern von jeglichen Berührungsängsten. Dieses Vertraute im Verschiedenartigen ist es, das Singapur ausmacht.

In Singapurs Multi-Kulti-Gesellschaft reihen sich im Kalender Feiertage der verschiedensten Religionen aneinander. Nach Buddhas Geburtstag begehen die Singapurer das taoistische Hungry Ghost Festival, das Ende des Ramadan, das hinduistische Deepavali, und schließlich folgt auf das muslimischen Opferfest Weihnachten. Das neue Jahr wird hier nach dem 1.1. noch circa ein Dutzend weitere Male eingeläutet: Chinese New Year, das hinduistische neue Jahr, das der Tamilen, das der Bengalen und das der Punjabis. Dann kommen noch die Thais und andere Nachzügler.

Kirchen, Moscheen, buddhistische, taoistische und hinduistische Tempel liegen in derselben Straße nur wenige Schritte voneinander entfernt, so dass flexible Gläubige ihr Anliegen bequem verschiedenen Adressaten vorbringen können. Noch praktischer ist der Kong Tee Peng Temple in der Keong Saik Road eingerichtet. Man wähnt sich dort in einer Generalversammlung der unterschiedlichsten Heilspender. An der Wand hängen nebeneinander aufgereiht Bilder von Laoze, Buddha, Konfuzius, Jesus und Allah, letzterer natürlich nur kalligraphisch.

Die Nähe der verschiedenen Religionen kann auch ihre Tücken haben, zumindest erfordert sie Kompromissbereitschaft und pragmatisches Denken. Der hinduistische Sri Mariammam Tempel in Chinatown zum Beispiel ist keine 100 Meter von der Jamae Moschee entfernt. Die Muslime begehen das Opferfest im Pilgermonat traditionell mit der Schlachtung von Kälbern. Den Hindus nebenan sind Kühe jedoch heilig. Deshalb opfern die Muslime mit Rücksicht auf die Gefühle der Inder jetzt nur noch Ziegen und Lämmer. Das alles geschieht ohne großes Aufheben, Stimmungsmache oder Volksbegehren. Vielfalt und Harmonie der Volksgruppen erwecken einen so selbstverständlichen Eindruck, dass man meinen könnte, Singapur hätte die Weltformel für friedvolles Zusammenleben erfunden.

Die 3,8 Millionen Singapurer sind einschließlich der gut 500.000 Permanent Residents zu 74 Prozent chinesischer, zu 13 malaiischer und zu neun Prozent indischer Abstammung. Ob Singapur als »melting pot« durchgeht, ist jedoch fraglich. Von einer wirklichen Verschmelzung scheint Singapur noch weit entfernt. Vier von fünf Ehen werden innerhalb derselben Ethnie geschlossen. Falls sich doch, wie es hier heißt, »gemischt-rassige« Paare zusammentun, dann oft ein *ang mo* und eine Singapurerin, seltener Einheimische mit unterschiedlichen Wurzeln.

Auf der Chingay Parade können die Zuschauer mit dem Einpeitscher noch so laut »Singapore, Singapore, we are one!« skandieren. Als Singapurer fühlen sie sich vor allem im Ausland. Zu Hause sind sie Malaien, Inder oder Chinesen.

Dass es für Zündstoff sorgen kann, wenn unterschiedliche Ethnien auf engem Raum zusammenleben, wusste schon

Singapurs Gründervater, Sir Stamford Raffles. Er und Lee Kuan Yew, die beiden prominentesten Köpfe Singapurs, hatten jedoch gänzlich unterschiedliche Vorstellungen davon, wie Harmonie in einem Vielvölkerstaat zu organisieren sei.

Raffles verbrachte nicht einmal neun Monate in Singapur. In dieser kurzen Zeit jedoch prägte er die spätere Vorzeige-Kolonie so stark, dass alles, was etwas auf sich hält, noch heute seinen Namen trägt: Raffles Hotel, Raffles Institution, Raffles Town Club und Raffles Class, die Business Class der Singapore Airlines, um nur einige illustre Beispiele zu nennen. Ironie des Schicksals: Er selbst hatte nichts von diesem Ruhm. Dadurch dass er Singapur den Holländern wegschnappte und mehr oder weniger eigenmächtig der britischen Krone sicherte, belastete er das Verhältnis Großbritanniens zu den Niederlanden. Angesichts der Gemengelage im Europa des frühen 19. Jahrhunderts musste er als »Handelsvertreter«, der sich in die Geopolitik der Großmächte einmischte, in seiner Heimat in tiefe Ungnade fallen. Als er 1823 todkrank aus Asien nach England zurückkehrte, verweigerte ihm sein Arbeitgeber, die East India Company, nicht nur seine Pension, sondern stellte ihm obendrein die gesamten Ausgaben in Rechnung, die mit dem Aufbau Singapurs verbunden waren. Raffles starb hoch verschuldet einen Tag vor seinem 45. Geburtstag in London.

Die Anfänge des modernen Singapur waren abenteuerlich. Raffles war im Dienste der East India Company ab 1805 in Penang stationiert, später auf Java, über dessen Geschichte er ein Werk veröffentlichte, das ihm 1817 den Titel »Sir« eintrug. Weil seine administrativen Leistungen auf Java wohl hinter seinen wissenschaftlichen zurückblieben, versetzte man ihn noch im selben Jahr nach Bengkulu auf Sumatra, dem nach seinen Worten »erbärmlichsten Flecken«, den er jemals gesehen hatte. Unterfordert, sann der ambitionierte junge Mann nach Möglichkeiten, seinem Vaterland größeren Einfluss im damals florierenden Handel mit China zu verschaffen. Er suchte nach einem geeigneten Handelsplatz an der Südspitze der malaiischen Halbinsel, dem Zugang zu den Malacca Straits, und entschied sich für die strategisch gelegene Insel Singa Pura. Die etwas uneindeutigen Anweisungen seines Dienstherren Lord Hastings, sich bei der Standortwahl nicht mit den Niederländern anzulegen, zu deren Einflussgebiet die Inseln des Sultanats Johor-Riau-Lingaa zählten, legte er in seinem Sinne aus – was in Europa schließlich zu den erwähnten Verwerfungen zwischen den Kolonialmächten führte.

Raffles setzte am 29.1.1819 seinen Fuß am östlichen Ufer des Singapore River an Land, dort wo heute eine Statue an ihn erinnert. Er hatte schon als 26jähriger, auf seiner Reise in den Fernen Osten, malaiisch gelernt. So konnte er die Verhandlungen mit dem Temenggong, dem Obersten, in dessen Sprache führen und ihn schnell für sich einnehmen. Er verstand es, sich den Erbfolgestreit zwischen den beiden Söhnen des verstorbenen Sultans von Johor-Riau, dem die Insel gehörte, zu Nutze zu machen. Dazu erkannte er den erstgeborenen Sohn Hussein, der bislang vom Jüngeren ausgespielt worden war, als neuen Sultan an – was dem Briten natürlich in keiner Weise zustand – und versprach ihm eine jährliche Apanage von 5.000 Spanischen Dollar sowie ein lebenslanges Wohnrecht auf der Insel. Dafür durfte Raffles dort einen britischen Handelsposten aufbauen. Nur wenige Tage nach seiner Landung, am 6.2.1819, unterzeichneten Raffles, der Sultan von seinen Gnaden und der Temenggong den juristisch alles andere als wasserdichten Vertrag. Der Union Jack wurde gehisst, das britische Singapur war geboren.

Schon tags darauf verließ Raffles die Insel wieder in Richtung Bengkulu. Ihre Verwaltung übertrug er dem Schotten William Farquhar, der 15 Jahre lang Statthalter von Malakka gewesen war, bis dies 1818 wieder an die Niederlande fiel. Seine Aufgabe war es, den Holländern dort das Wasser abzugraben und stattdessen Singapur zum größten Hafen der Region aufzubauen.

Doch dazu musste er das sumpfige Eiland erst einmal bereit machen. Der Löwe, der ihr seinen Namen verlieh, war auf der Insel wohl ein Unikat. Eine andere Tierart jedoch verbreitete sich seuchenartig: Ratten. Farquhar rief deshalb zu einem Kreuzzug gegen die Krankheitsüberträger auf und zahlte für jedes getötete Tier zwei Cent. Das gleiche machte er mit einer anderen Plage, den Hundertfüßlern, und wurde auch ihnen Herr. Einem dritten Übel, den Tigern, die sich in den dichten Dschungeln versteckt hielten, war schwerer beizukommen. Zwar lag das Kopfgeld bei ansehnlichen 100 Dollar, zusätzlich zu den 40 Dollar für das Fleisch. Sonderlich begehrt war dieser gefährliche Job trotzdem nicht. Schließlich schien man sich mit damit abzufinden, dass die Raubtiere sich »einen Kuli am Tag« aus den Plantagen holten. Zur relativen Gelassenheit trug wohl bei, dass die Tiger asiatisches Fleisch dem europäischen offenbar vorzogen. Der letzte Tiger Singapurs soll 1921 im

Raffles Hotel erlegt worden sein, den Schützen hatte man aus dem Bett geklingelt, er tötete das Tier noch im Pyjama. Allerdings war der Tiger nicht aus dem Dschungel in die Innenstadt gekommen und versteckte sich auch nicht unter einem Billardtisch, wie gerne kolportiert wird. Tatsächlich war er aus einem Wanderzirkus ausgebrochen und hatte sich unter dem Bar & Billard-Room verkrochen. Dieser Teil des Hotels war auf Holzstelzen errichtet, um das Gebäude vor Überschwemmungen zu schützen – die Adresse in der Beach Road ist das einzige, was heute noch daran erinnert, dass »das Raffles« damals ein Strandhotel war.

Mit einem weiteren Ungemach musste Farquhar allerdings noch aufräumen, wollte er Singapur zum Handelszentrum Südostasiens machen: den Hinterlassenschaften der Piraten. Die Köpfe, die die Seeräuber ihren Opfern abschlugen, wurden von der Flut immer wieder den Fluss hinauf gespült und verfingen sich ausgerechnet dort, wo die Boote festmachten. Bei entsprechender Tide hingen Hunderte Schädel in den Mangrovenwurzeln. Ein Anblick, der selbst hartgesottene Seeleute bei ihrer Ankunft in Singapur etwas irritierte – und sicher nicht das beste Aushängeschild für den neuen Umschlagplatz. Als Ordnungsmaßnahme gab Farquhar Säcke aus und ließ in regelmäßigen Abständen die Köpfe einsammeln. Da soll sich heute nochmal jemand über seinen Job beschweren …

Die Aufräum- und Imageaktion tat ihre Wirkung. Seinen rasanten Aufstieg verdankt Singapur aber vor allem der Tatsache, dass Raffles es zum Freihafen erklärte. So gelang es, Geschäft von den anderen Küstenstädten abzuziehen, in denen Zölle und Hafengebühren gezahlt werden mussten.

Aus dem verschlafenen Fischernest wurde innerhalb kürzester Zeit ein geschäftiger Handelsplatz. Die Stadt wuchs in atemberaubendem Tempo. 1821 lebten gut 5.000 Menschen in Singapur, drei Jahre später bereits doppelt so viele, das Handelsvolumen verdreifachte sich in diesem Zeitraum nahezu. Die Holländer versuchten gar durch Blockaden in ihren Häfen, Schiffe an der Weiterfahrt nach Singapur zu hindern, doch vergeblich. Farquhar schien erfolgreich. Er hatte nur ein Problem: Ohne Zölle, Gebühren und Steuern hatte er auch keine Einnahmen. Doch Not macht erfinderisch: Er behalf sich schlicht damit, Lizenzen für Schnapsläden, Spielhöllen und Opiumhöhlen zu verkaufen – so finanzierte er Stadtverwaltung und Polizei.

Damit handelte er allerdings entschieden gegen Raffles Anweisungen, die Menschenhandel, Rauschgift und Glücksspiel verboten. Kurz nachdem der Statthalter seine Einnahmequellen aufgetan hatte, herrschten dort Zustände, die dem neuen Hafen in Anlehnung an die unrühmlichen Zustände im biblischen Gomorrah den Namen »Singamorrah« eintrugen. Raffles war unterdessen in Bengkulu schwer an Malaria erkrankt, drei seiner vier Kinder waren dem Fieber bereits erlegen. 1822 gab er deshalb seinen dortigen Gouverneursposten auf. Auf dem Weg zurück nach England stattete er Singapur seinen zweiten und letzten Besuch ab. Doch als er sah, wie Farquhar die fehlenden Hafengebühren und Zölle wettgemacht hatte, war er so erschüttert, dass er, obwohl inzwischen so krank, dass er glaubte, Singapur nicht mehr lebend zu verlassen, das Steuer wieder selbst in die Hand nahm. Er setzte Farquhar ab und stellte in kürzester Zeit die Ordnung in der Stadt wieder her. Insbesondere beauftragte er den Ingenieur Philip Jackson mit einer neuen Stadtplanung. Ihr verdankt Singapur die »five foot walks«, die fünf Fuß breiten Arkadengänge in den *shophouses.* Sie sehen nicht nur lauschig aus, sondern schützen vor tropischen Regengüssen wie sengender Sonne, und bieten den Händlern außerdem noch eine ideale Verkaufsfläche. Mit dem später »Jackson Plan« genannten Konzept führte der Ingenieur auch Brandschutzwände und Feuertreppen ein und legte das rechtwinklige Straßennetz an.

Den nachhaltigsten Einfluss hatte der »Jackson Plan« aber in Hinblick auf die strikt getrennten Siedlungsgebiete, die Raffles den verschiedenen Volksgruppen der Einwandererstadt zuwies, um Rassenunruhen von vornherein zu vermeiden. So entstanden China Town, seinerseits unterteilt in Straßenzüge für Immigranten aus den verschiedenen Provinzen Chinas, Little India, das später wegen Platzmangels vom Fluss an seinen jetzigen Standort umziehen musste, Kampong Glam für die muslimisch-malaiische Bevölkerung und ein Areal, nicht das schlechteste natürlich, für die britische Kolonialverwaltung.

Noch heute profitiert Singapur in touristischer Hinsicht von Raffles Idee der ethnischen Viertel. Lee Kuan Yew setzte dennoch auf den entgegengesetzten Ansatz, um ein gedeihliches Miteinander der unterschiedlichen Volksgruppen zu gewährleisten. Einerseits legte er viel Wert darauf, dass jede Gemeinschaft ihre Besonderheiten, ihre Traditionen und Bräuche beibehalten kann, was eben gerade den Reiz des Vielvölkerstaates ausmacht. Auf der anderen Seite war er penibel darauf bedacht, dass keine Ghettos entstehen, sondern die verschiedenen Gruppen sich mischen so gut es eben geht. Anders als zu Raffles' Tagen will die Regierung heute also nicht auseinanderhalten, sondern zusammenbringen. LKY war davon überzeugt, dass die verschiedenen Rassen nur dann in Frieden miteinander leben könnten, wenn sie eben tatsächlich auch miteinander lebten. Auf einer kleinen Insel könne man sich ohnehin nicht auf Dauer so aus dem Weg gehen, dass sich jegliche Reiberei vermeiden ließe, glaubte er. Dieses Miteinander funktioniert in einem Land, in dem sich alles ums Essen dreht, am besten, wenn die Leute Küche an Küche, also im selben Gebäude wohnen. Die Idee ist, dass Chinesen, wenn sie nur oft genug den Duft der Leibspeisen ihrer indischen und malaiischen Nachbarn in der Nase haben, früher oder später Gefallen daran finden müssen – und umgekehrt. Was für die Küchen-Aromen gilt, trifft auch auf fremde Sitten und Gebräuche zu. Deshalb sollen alle ihre traditionellen Feste, Hochzeiten, 100-Tage- und Trauerfeiern an einem Ort feiern, der allen zugänglich ist: im »void deck«, dem überdachten Erdgeschoss der HDB-Blocks.

Der Unterschied zwischen den *kampongs*, den beschaulichen Dorfgemeinschaften, die es noch vor 20 Jahren auf der Insel gab, und den Betontürmen der HDBs könnte zwar optisch nicht größer sein. Trotzdem, oder deswegen, legt der Staat sehr viel Wert auf real praktizierten Gemeinschaftssinn in diesen Nachbarschafts-Siedlungen. Jedes Areal hat nicht nur seinen eigenen Wet Market und Hawker, sondern auch sein Community Centre, das von QiGong bis Salsa alles aufbietet, was das Herz begehrt und die Leute zusammenbringt.

Die Regierung ist jedoch nicht so naiv zu glauben, dass alleine diese Verlockungen ausreichen, um Chinesen,

Malaien und Inder zusammenzuschweißen. Deshalb hat LKY einen fixen Proporz eingeführt. Die staatlichen Wohnungen in den HDBs werden exakt entsprechend der ethnischen Anteile in der Bevölkerung an die Interessenten vergeben. Die Bewohner jeder Siedlung sind in ihrer Zusammensetzung also ein verkleinertes Abbild der Nation. Daran ist nicht zu rütteln. Wenn in einem HDB die Quote der Malaien noch nicht erfüllt ist, sich aber nur Chinesen und Inder für eine Wohnung interessieren, bleibt sie eben erst einmal leer.

Die Frage der Rasse hat starkes Gewicht in Singapur, das wird am überhitzten Immobilienmarkt am deutlichsten. Denn hier kommen zwei ohnehin brisante Themen zusammen: der begrenzte und angesichts des hohen Ausländerzustroms immer knapper werdende Wohnraum mit den entsprechenden Auswirkungen auf die Immobilienpreise und die an die Rasse gebundene Quotierung der Wohnungen. Für Malaien und Inder als Minoritäten sind die Möglichkeiten sowohl beim Kauf als auch beim Verkauf deutlich geringer als für Chinesen, für die drei Viertel des Marktes offen stehen.

Von einer ersten Lockerung des engen Rassenkorsetts profitieren zumindest die ab Januar 2011 geborenen Kinder gemischt-rassiger Eltern. Seit diesem Datum können in der Geburtsurkunde beide Rassen eingetragen werden: die des Vaters, die der Mutter oder beide. Viele Betroffene sehen das als Fortschritt, denn bis dahin wurden sie schlichtweg unter der Rasse ihres Vaters verbucht, die andere Hälfte ihrer Identität fiel hinten runter. Neben dem praktischen Nutzen bei der Wohnungssuche kann eine doppelte Rassenzugehörigkeit sich auch positiv auf die Schullaufbahn des Kindes auswirken. Bislang bestimmte die Rasse des Erzeugers, in welcher »Mutter«-, vielmehr »Vatersprache« das Kind unterrichtet wurde.

Nur wer als Rasse »chinesisch« angeben kann, lernt in der Schule Mandarin. Alle anderen, die ihre Kinder in der Weltsprache der Zukunft fit machen wollen, müssen selbst für die entsprechenden »enrichment classes« zahlen. Seit der Flexibilisierung kommen auch Kinder mit einer chinesischen Mutter in den Genuss des regulären Chinesisch-Unterrichts. Allerdings sollten die Eltern beim Eintrag ins Geburtenregister darauf achten, dass sie ihren Sprössling denn auch als »Chinese-Indian« und nicht etwa als »Indian-Chinese« angeben. Im Kleingedruckten steht nämlich, dass für Unterricht und HDBs das sticht, was vor dem Bindestrich steht.

Die Rassenfrage treibt bisweilen recht kuriose Blüten, wie mein singapurischer Dozent berichtete. Er, indischer Abstammung, hatte mit seiner singapurischen Frau chinesischer Herkunft viele Jahre in Australien gelebt, bevor er in seine Heimat zurückkehrte, um seine Tochter einzuschulen. Der erste Schultag begann damit, dass die Kinder ihre Rasse angeben sollten, indem sie das mit M(alay), C(hinese), I(ndian) oder O(ther) bezeichnete Blütenblatt einer vierblättrigen Blume ausmalten. Das arme Mädchen, aufgewachsen in Australien, hatte keine Ahnung, was »Rasse« überhaupt war. Und selbst als der Lehrer es ihr erklärt hatte, wusste sie nicht, sollte sie nun chinesisch wie die Mutter oder indisch wie der Vater angeben. Um seine Ruhe zu haben, hat der Lehrer sie kurzerhand zur »Eurasierin« gestempelt. Davon lässt sie sich zum Verdruss ihrer Eltern nicht mehr abbringen.

Rasse spielt immer und überall eine Rolle. Wer weiß wozu, aber sogar auf dem Abschnitt eines Preisausschreibens wird nach der Rasse gefragt. Wird hier auch nach Quote gezogen? Wie genau machen sie das wohl bei dem einen Porsche, den es neulich zu gewinnen gab? Geht der Fahrersitz an einen Chinesen, während sich ein Malaie und ein Inder den Beifahrersitz teilen müssen?

Harmonie zwischen Rassen und Religionen ist ein zentraler, wenn nicht der bedeutendste der fünf grundlegenden Werte Singapurs. Der Staat setzt alles daran, das fein austarierte Gleichgewicht der Ethnien nicht zu gefährden. Ein Minister verglich die scheinbare Idylle einmal mit einem weißen Schwan, der ruhig und würdevoll auf dem See dahingleitet. Kaum einer bemerkt, wie sehr er mit den Füßen strampeln muss, um sich über Wasser zu halten. Tatsächlich ist die »Harmonie der Rassen« nicht alleine der philanthropischen, aufgeklärten Haltung der Singapurer zu verdanken. Sie ist das Werk einer so umsichtigen wie wachsamen Regierung, die nichts dem Zufall überlässt und das Zusammenleben ihrer Bürger bis ins Kleinste »mikromanagt«.

Was erstaunt: Gerade bei sensiblen Themen betonen die Behörden die Herkunft besonders deutlich. Statistiken über Drogenmissbrauch oder Teenager-Schwangerschaften werden explizit nach Rassen ausgewiesen – mit der Folge, dass vorhandene Vorurteile eher verfestigt als überwunden werden. Auf der anderen Seite wird jede rassistische Äußerung jedoch streng geahndet. Mit einem vergleichsweise milden Urteil kamen da vor kurzem noch zwei Blogger weg: zwei Jahre auf Bewährung und 180 Stunden gemeinnützige Arbeit.

Manchmal schießen die Singapurer aber womöglich auch über das Ziel hinaus: Ein großer Aufschrei ertönte, als bei einem Betriebsfest der United Overseas Bank (UOB) unter dem Motto »Bollywood« einige Mitarbeiter ihre Gesichter dunkel geschminkt hatten. Dies wurde als Herabwürdigung der Inder angesehen. Noch schlimmer war, dass die UOB sich lediglich im Konditional entschuldigte, »*falls* sich jemand dadurch verletzt gefühlt haben sollte.«.

Um derartige Irritationen zu vermeiden, lernen Singapurer von klein auf, den richtigen Ton zu treffen und respektvoll miteinander umzugehen, nicht nur am »racial harmony day«, dem Jahrestag der Rassenunruhen vom 21. Juli 1964 mit 22 Toten und über 400 Verletzten. Während der »racial harmony camps« teilen sich Jugendliche verschiedener Abstammung den Schlafsaal, »racial harmony ambassadors« wachen, während ihre Freunde spielen, über den richtigen Umgangston auf dem Pausenhof, Schulkinder werden im Rahmen von »Austausch-Programmen« innerhalb Singapurs für einige Tage in eine Familie anderer Herkunft geschickt.

Derartige Maßnahmen scheinen nicht ganz unnötig, wie ein Blick in die jüngere Vergangenheit zeigt: 2007 gaben lediglich 40 Prozent der chinesisch-stämmigen Singapurer an, sie würden Lehrer, Nachbarn, Vorgesetzte oder Politiker anderer Herkunft akzeptieren. 2012 zeigten sich, wie in der staatsnahen *Straits Times* gefeiert wurde, schon 70 Prozent offen dafür. Allerdings dürften die Zahlen merklich über den realen Werten liegen, weil viele Menschen bei derartigen Fragestellungen dazu neigen, »sozial erwünscht« zu antworten.

Immerhin hat es Singapur geschafft, dass seine Bevölkerungsgruppen seit mehr als vier Jahrzehnten gut miteinander auskommen, etwas, wovon viele andere multiethnischen Nationen Welten entfernt sind. Doch der Frieden scheint neuerdings auch hier brüchig. Im Dezember 2013 entzündeten sich heftige Krawalle, nachdem ein Inder von einem Bus überfahren worden war. Der Busfahrer, ein Singapurer chinesischer Abstammung, sollte ihn und andere indische Gastarbeiter am Abend zurück in die Schlafsäle am Stadtrand fahren, nachdem sie ihren einzigen freien Tag in Little India verbracht hatten. Sonntags sind Tausende Gastarbeiter, meist aus Südindien, auf den Straßen dieses Stadtteils unterwegs. Noch während der Verunglückte unter den Rädern lag, stürzten sich dessen Landsleute auf den Bus. Mehrere Hundert Passanten liefen zusammen, setzten Fahrzeuge in Brand und beschädigten Dutzende weiterer Autos. Etliche Menschen wurden verletzt. 300 Polizisten waren nötig, um die Randalierer in den Griff zu bekommen.

Ein erstes Anzeichen der aufkommenden Unruhe nach jahrzehntelanger Stabilität war möglicherweise schon der Streik von 2012, den die Singapurer Medien zur »Protestaktion« kleinschrieben. Erstmals seit 26 Jahren versuchten sich aus China stammende Busfahrer durch ihre Arbeitsniederlegung Gehör zu verschaffen. Sie prangerten die schlechten Bedingungen an, unter denen vor allem die Gastarbeiter leiden.

Beide Vorfälle verdeutlichen die prekäre Situation dieser Nation, die nicht nur an sich schon eine sehr heterogene Bürgerschaft hat, sondern darüber hinaus noch einen hohen Anteil an Ausländern beheimatet. Von den 5,4 Millionen Einwohnern (2013) sind nur 3,3 Millionen »echte« Singapurer. Ungefähr eine halbe Million sind sogenannte »Permanent Residents« (PRs), Ausländer mit einer längeren, in der Regel auf fünf Jahre befristeten Aufenthaltserlaubnis. Weitere 1,6 Millionen leben hier mit einer kürzeren Befristung. Knapp 40 Prozent seiner Einwohner sind also keine singapurischen Staatsbürger. Ihre Zahl wuchs zuletzt vier Mal so schnell wie die der Einheimischen.

Trotzdem setzt der jetzige Premierminister Lee Hsien Loong auf noch mehr Zuwanderer. Er strebt für das Jahr 2030 eine Bevölkerungsgröße von 6,9 Millionen an. Seiner Meinung nach kann nur der Zuzug von Ausländern das wirtschaftliche Wachstum im gewünschten Maße sichern und die Singapurer vor dem »silver tsunami«, also der Überalterung ihrer Gesellschaft retten. Mit »organischem« Wachstum ist das nicht zu schaffen. Bei einer Geburtenrate, die unter 222 Staaten den drittletzten Platz einnimmt, sind diese Bedenken nicht ganz von der Hand zu weisen.

Dabei ist Ausländer nicht gleich Ausländer: »Foreign talents« werden anders, wenn auch nicht immer positiver, wahrgenommen als Gastarbeiter, die am Bau oder als Hausangestellte arbeiten. Gemein ist ihnen aber, dass ihr Zustrom die Angst der Singapurer vor infrastrukturellen

Engpässen und Arbeitslosigkeit nährt, auch wenn die meisten anderen Länder von einer nicht einmal zweiprozentigen Arbeitslosenrate nur träumen können. Gravierender ist, dass Singapur nach Monaco der am dichtesten bevölkerte Staat der Erde ist. Die durch die hohe Nachfrage und den begrenzten Platz astronomischen Immobilienpreise machen den Einheimischen sehr zu schaffen. Viele Ausländer können sich einen Aufenthalt in Singapur überhaupt nur leisten, wenn der entsendende Arbeitgeber bei der Miete ordentlich zuschießt. Das Problem für die eingesessene Bevölkerung wird dadurch freilich noch verschärft. Hinzukommt, dass die meisten Fremden ohnehin bald weiterziehen und keine allzu große Assimilierungsbereitschaft haben. Viele Singapurer klagen bereits darüber, dass ihr Land für viele mehr Hotel als Heimat ist.

Öl ins Feuer gegossen hat im Mai 2012 ein Autounfall, bei dem ein offenbar sehr begüterter junger Festland-Chinese mit seinem Ferrari 599 GTO um vier Uhr morgens mit Tempo 178 über eine rote Ampel und in ein Taxi gerauscht ist. Die Raserei des Neureichen kostete drei Menschen das Leben, zwei weitere wurden verletzt. Der »Ferrari-Crash« hatte alles, was Singapurer an Ausländern in ihrer Stadt nicht leiden können: unanständigen Reichtum, angeberisches Geprotze und rücksichtslosen Egoismus. Umfragen zufolge erreichte die Fremdenfeindlichkeit der Singapurer in den darauf folgenden Wochen einen Wert von 80 Prozent.

Wie wichtig es ist, dass Singapurer nicht das Gefühl bekommen, gegenüber Fremden benachteiligt zu werden, zeigt sich auch bei scheinbaren Nebensächlichkeiten: Während der Fußball-Europameisterschaft 2012 ließ sich die UOB, die United Overseas Bank, einen besonderen Marketing-Gag einfallen. Damit die Landsleute der EM-Nationalmannschaften ihren Lieblingssport auch in den Tropen so genießen konnten wie in heimatlichen Landen, bot sie ihren europäischen Kunden ein Promotion-Paket mit Bierkühlern und Klappstühlen an. Eine Welle der Empörung ging durch Singapur. Was für eine Ungeheuerlichkeit, Ausländer mit Biergarnituren zu bevorzugen! Postwendend machte die UOB einen Rückzieher und gab sich tags darauf selbst auf einer ganzseitigen Anzeige die rote Karte für diese Diskriminierung.

Die Regierung unternimmt viel, damit sich die Singapurer in ihrem Land nicht als Bürger zweiter Klasse fühlen. Das fängt bei den staatlich bezuschussten HDB-Wohnungen an, zu denen Ausländer, wenn überhaupt, nur sehr eingeschränkten Zugang haben. Die Eigenheimquote der Singapurer beträgt dagegen 90 Prozent. Auch die einheimischen Elite-Schulen, renommiert und deutlich günstiger als die internationalen Schulen, sind im Wesentlichen Singapurern vorbehalten. Selbst bei großen Einrichtungen mit 1.000 Schülern gibt es oft nur einen einzigen Quoten-Platz für ausländische Kinder. Und nicht zuletzt unterscheiden auch Banken und Reisebüros bei ihren Angeboten und Konditionen nach Landsmann oder Fremdem.

Dazu filtert der Staat jetzt noch stärker, wer überhaupt auf die Insel darf. Die Aufenthaltsvoraussetzungen wurden verschärft, das Mindestgehalt bei der nicht an einen festen Arbeitgeber gebundenen Arbeitserlaubnis gar um das Vierfache angehoben. Wer »Permanent Resident« werden will, dessen Familienmitglieder sollten allesamt, auch die in der alten Heimat zurückbleibenden, einen guten Eindruck machen bei der Singapurer Einwanderungsbehörde. Der miteinreisende Ehepartner hat beglaubigte Übersetzungen von Abitur und Arbeitszeugnissen vorzulegen, Eltern und Geschwister zu Hause ihre Einkommens- oder Rentenerklärungen. Singapur möchte wissen, wen es sich ins Land holt. Und da ist die Familie von größter Bedeutung, auch, weil sie notfalls durchgefüttert werden muss.

Die Familie, Keimzelle der Gesellschaft, ist in Asien ein Wert an sich. Und je unterschiedlicher Provenienz und Hautfarbe der Bürger eines Landes sind, desto wichtiger wird die bindende Kraft gemeinsamer Normen. Lee Kuan Yew hat gegenüber westlichen Kritikern auf die konfuzianische Ethik verwiesen, der Singapurs rasanter Aufstieg zu verdanken sei. Neben der Betonung des Kollektivismus, der Familie und Gemeinschaft über die Interessen des Einzelnen stellt, und der Bildung als Motor sozialer Mobilität, ist es gerade auch das ausgeprägte Hierarchiedenken, durch das Konfuzius bis heute die Nation prägt.

Der große Philosoph lebte in einer Zeit permanenter Kriege. Des Blutvergießens und der Entbehrungen müde, suchte er den Schlüssel zu Harmonie und Frieden. Er meinte, wenn sich nur jeder der »natürlichen« sozialen Ordnung fügte, müsste es keinen Streit mehr auf Erden geben. Die konfuzianische Ordnung beruht dabei auf fünf Elementarbeziehungen, deren höchste das absolutistisch-hierarchische Verhältnis zwischen Herrscher und Untertanen regelt – eine Lehre, die den Regenten schon damals recht gelegen kam. Kein Wunder, dass die chinesischen Kaiser ihre Beamten Konfuzius' Schriften pauken ließen.

Aber Harmonie kann nach Konfuzius nicht erst auf Staatsebene entstehen, sie sollte schon im Privaten beginnen. So nahm er sich auch der Beziehung zwischen Freunden an und regelte das hierarchische Gefälle zwischen Brüdern wie auch das zwischen Ehemann und Ehefrau. Sein wichtigstes und grundlegendstes Konzept ist aber die Idee, dass Kinder ihren Eltern Respekt und Gehorsam schulden. Ein Traum, diese Vorstellung! Heute wäre man schon mit deutlich weniger zufrieden als jener Gelehrte, der ganz im Sinne Konfuzius' 24 Beispiele kindlicher Pietät sammelte. Darin etwa die Geschichte des achtjährigen Wu Meng, der sich halb nackt vor das Bett seiner Eltern legte, damit die Moskitos sich auf ihn stürzten und seine Eltern verschonten. Oder die des kleinen Wang Xiang, der sich im Winter nackt auf das Eis eines Sees warf, um mit seinem kleinen Körper und seinen heißen Tränen ein Loch hineinzuschmelzen, aus dem er die von der Stiefmutter geliebten Karpfen angeln konnte. Oder die der Lady Tang, die ihre greise Schwiegermutter stillte, weil die zahnlose alte Dame nicht einmal mehr weich gekochten Reis kauen konnte.

In Singapur werden auch heute noch regelmäßig Wettbewerbe in »kindlicher Pietät« ausgeschrieben, wenn auch nicht mehr in den Disziplinen Moskitoköder, Eisfischer oder Schwiegermutter-Amme.

Ein gewisser familiärer Zusammenhalt ergibt sich in Singapur ohnehin meist von ganz alleine. Aufgrund der exorbitanten Mieten ist es üblich, dass sich eine Akademiker-Familie mit Kind, Großeltern und Maid eine »Zwei-Schlafzimmer-Wohnung« teilt, die älteste und jüngste Generation zusammen in einem Zimmer, die Maid irgendwo zwischen Waschmaschine und Bügelbrett.

So ganz möchte die Regierung die Eltern-Kind-Beziehung aber doch nicht der Familie allein überlassen. Deshalb bedenkt sie junge Paare mit einem Extra-Zuschuss von 40.000 Dollar für eine HDB-Wohnung, wenn diese so gewählt wird, dass die Kinder sich um ihre Eltern kümmern können. Als Kriterium für den Zuschuss wurde festgelegt, dass die Wohnung nicht weiter als zwei Kilometer von der Wohnung der Eltern entfernt liegen darf. So ist nicht nur den Jungen, sondern auch den Alten geholfen. Und die Staatskasse von Pflegekosten entlastet.

Was aber macht man, wenn keine Familie da ist? Dieses Schicksal dürfte bei der extrem niedrigen Geburtenrate demnächst immer mehr Singapurern blühen. Eine Folge der in den 1960er-Jahren eingeführten »Stop at two«-Politik? Weil Lee Kuan Yew befürchtete, dass eine zu schnell wachsende Bevölkerung den wirtschaftlichen Aufschwung bremsen und die Infrastruktur überfordern könnte, legalisierte er damals Abtreibungen, propagierte freiwillige Sterilisationen und erschwerte es großen Familien, zu einer bezahlbaren Wohnung zu kommen. Er mag da etwas über das Ziel hinausgeschossen sein. Inzwischen haben die Singapurer einer Umfrage des Kondomproduzenten Durex zufolge im Vergleich zu fast allen anderen Ländern am seltensten Sex.

Aber auch dieses Handlungsfeld ließ sich die Regierung nicht entgehen und gründete mit der Social Development Unit (SDU) eine staatliche Partnervermittlung, um den

Fortbestand ihrer Bürger zu sichern. Die SDU, Singapurern geläufiger als Akronym für »single, desperate and ugly«, wurde 1984 mit dem Ziel ins Leben gerufen, karriereversessene Studenten und Studentinnen vor dem Aussterben zu bewahren und dabei in einem Aufwasch für elitären Nachwuchs zu sorgen. Beispielsweise, indem zum lockeren Grillabend eingeladen und alleinstehende Studentinnen explizit als solche vorgestellt wurden. Geraldene Lowe, als renommierte Stadtkennerin eine Singapurer Institution, hatte die offizielle Anweisung, bei ihren Bustouren durch die Stadt junge Männer neben entsprechende Damen zu setzen. Wenn das den Studenten nicht genügend auf die Sprünge half, hatte sie für Stimmung zu sorgen und zu lustigen Kennenlernspielen zu animieren, so die Dienstanweisung. Diese Zeiten sind vorbei. Heute hat die SDU Geschenkgutscheine für arrangierte Dates im Angebot. Ein Präsent, mit dem man allerdings auch ordentlich ins Fettnäpfchen treten kann.

Da sich ihr Erfolg bei Singapurs Leistungsträgern in Grenzen hielt, hat sich die SDU 2006 notgedrungen einem größeren Markt geöffnet und bietet ihre Dienste nun allen Bildungskreisen und Altersgruppen an. Doch älteren Menschen, die keine Angehörigen in Singapur haben, hilft das natürlich nicht weiter. Damit sie sich eine Bleibe leisten können und jemanden haben, der sich um sie kümmert, greift der Staat zu einer anderswo kaum vorstellbaren Maßnahme: Er zwingt alleinstehende Senioren in die Zweisamkeit – beim Wohnungsamt kann man sich nur »paarweise« um ein Ein-Zimmer-Apartment bewerben. So wird das knappe Wohnungsangebot optimal ausgeschöpft, die älteren Herrschaften haben Ansprache und im Notfall ist auch jemand da. Der Clou: Kann man selbst keinen Zimmergenossen vorweisen, sorgt der Staat für ein »room mate«.

In der Praxis heißt das, dass sich wildfremde Menschen fortan ein Zimmer teilen. Da der Mensch mit dem Alter nicht unbedingt flexibler wird, sind atmosphärische Störungen programmiert. So werden immer öfter ältere Menschen aufgegriffen, die die Nächte lieber im Freien auf zwei Plastikstühlen verbringen, als ihre paar Quadratmeter mit dem staatlich zugewiesenen Mitbewohner zu teilen.

Big brother

Die Klimaanlage war für Lee Kuan Yew die größte Erfindung der Menschheit – verständlich angesichts des Singapurer Klimas, das die Briten treffend beschrieben mit den Worten: »to take off one's flesh and sit in one's bones«. Nur ihr sei es zu verdanken, dass man auch in der immerwährenden schwülen Tropenhitze einen klaren Gedanken fassen könne. Inzwischen ist die Klimaanlange zum Sinnbild Singapurs geworden. Sie steht für den Sieg des Menschen über die Natur, für Moderne, Technik, Annehmlichkeit und Komfort, für Fern- und Feinsteuerung. Denn Klimaanlagen werden in Singapur mittels Fernbedienung justiert, bis auf halbe Grad genau. »Remote control« ist das auf Englisch.

Der Journalist und Autor Cherian George sah ganz Singapur als »air-conditioned nation«. Nichts brodelt, nichts kocht über in Singapur, alles ist wohltemperiert, alles unter Kontrolle. Kein Mensch hat hier die Aufregung verstanden, die die Snowden-Enthüllungen im Rest der Welt ausgelöst haben. In Singapur weiß man, dass dem Staat nichts entgeht.

Singapur ist praktisch korruptionsfrei, der Stadtstaat belegt einen Spitzenplatz beim »Transparency Index«. Was für die Nation insgesamt gilt, trifft auch auf jeden Einzelnen zu. Auch Singapurs Bürger sind transparent dank Überwachungskameras an öffentlichen Orten, biometrischer Daten, Handys und Ortungsverfahren, Bankkarten und Passnummern. Sollte in Singapur tatsächlich einmal ein Kaugummi auf die Straße gespuckt werden, dürfte der Delinquent nicht mehr lange ungeschoren davon kommen. Entgegen anders lautender Gerüchte kann man in Singapur nämlich durchaus Kaugummi kaufen – aus medizinischen Gründen zumindest –, man muss dafür lediglich seine Passnummer in der ausgebenden Apotheke hinterlegen. Und für den Fall, dass die Überwachungskameras einmal versagen, könnte man künftig ja auch über Speichelproben nachdenken …

Ohne Passnummer geht nichts, da müssen sich Datenschutz-verwöhnte Deutsche etwas umstellen. Ohne amtlichen Ausweis kein Chinesisch- und kein Yogakurs. Nicht einmal sein Kind kann man bei Freunden abholen, wenn man sich nicht ausweisen kann. So wartete eine Freundin unserer Tochter bei uns vergeblich auf ihre Mutter. Die wusste nicht, dass sie ihren Pass braucht, um an den Sicherheitskräften unseres Condos vorbeizukommen und wurde prompt nicht durchgelassen. Immerhin darf man ohne Ausweis sein Handy benutzen. Sie rief mich von der Straße aus an, und ich brachte ihr das Mädchen hinunter.

Passnummern werden überall gesammelt, ob vom Mega-Buchladen oder vom Supermarkt um die Ecke. Die Geschäfte winken mit großzügigen Rabatten auf ihre Kundenkarten – aber dafür hat man sich eben auszuweisen. Schnäppchen-affine Kiasu-Singapurer lassen sich die Vergünstigungen nicht entgehen. Die vorherrschende Meinung zum Datenschutz lautet: »Solange man nichts ausgefressen hat, hat man auch nichts zu verbergen.«

Man darf sich eben nicht daran stören, dass der Staat womöglich weiß, wo man gerade ist, mit wem man telefoniert, welche Bücher man liest, welche Filme man sieht, welche Sprachen man lernt, wohin man reist. Vielleicht sogar, welche Partei man wählt. Das zumindest vermutet unser Nachbar, ein ansonsten glühender LKY-Verehrer. Wenn jemand trotz umfänglichen pädagogischen Engagements eine Absage von seiner Wunschschule bekommt, liegt das am Ende daran, dass er auf dem Wahlzettel falsch angekreuzt hat? Ist es Paranoia, wenn ein Dozent, der sich gegenüber seinen Studenten nicht einmal abfällig, nur verwundert, über Aspekte der Singapurer Rassenpolitik geäußert hat, nach kurzem Innehalten eindringlich darum bittet, das eben Gesagte ganz schnell wieder zu vergessen? Ist es wirklich nur ein Agenten-Scherz, wenn Pauline, meine Englischlehrerin und frühere britische Offizierin, die Unterseite ihres Pults nach Wanzen abtastet, bevor sie über das Land spricht, das sie zu ihrer Wahlheimat gemacht hat?

So ganz sicher kann man sich da nicht sein. Ein leicht beklemmendes Gefühl bleibt. Denn in Singapur nimmt sogar die simpelste Freizeitbeschäftigung Orwell-hafte Züge an: Finn, passionierter Leichtathlet, Freund unseres Sohnes und elfeinhalb Jahre alt, wollte unbedingt an einem Stadtlauf teilnehmen. Dummerweise betrug das Mindestalter dafür aber zwölf Jahre. Um seinem Jungen die Teilnahme trotzdem zu ermöglichen, rundete der Vater das Alter seines Sohnes auf dem Anmeldeformular kurzerhand auf. Nach der Passnummer gefragt – denn ohne sie kann man in Singapur nicht einmal laufen – leierte er diese gedankenverloren herunter. Doch noch bevor er den Geldbeutel zücken konnte, um die Teilnahmegebühr zu berappen, wurde er von einem freundlichen Mitarbeiter höflich darauf hingewiesen, dass ihm bei der Angabe des Geburtsdatums seines Sprösslings wohl ein kleiner Fehler unterlaufen sei. Die Überprüfung der Personalien habe ergeben, dass der Sohn noch keine zwölf sei und deshalb leider auch nicht am Wettlauf teilnehmen könne.

So etwas passiert wohl nur Ausländern. Singapurer hätten von vornherein gewusst, dass dem Großen Bruder nichts entgeht. Ab dem zarten Alter von sieben Jahren werden stichprobenartige Drogentests bei Schülern durchgeführt. Kameras überwachen alle öffentlichen Orte, Condos ohnehin und neuerdings zunehmend auch HDB-Wohnanlagen. Damit unterbindet die Regierung unter anderem die Unsitte, sich überflüssiger Dinge durch das Fenster zu entledigen. Für einen rausgeschnippten Zigarettenstummel ist man mit einem Bußgeld von 800 Dollar noch gut bedient. Weil die Aufklärungsquote allerdings etwas zu wünschen übrig ließ, werden nun in den »Problemgebieten« Kameras installiert, Fokus auf die Fensterfront der Wohnungen. Das Zoomobjektiv der Behörden macht selbstverständlich an der Glasscheibe Halt, hineinsehen wird offiziell niemand. Trotzdem ist es vielleicht ganz gut, dass man in seiner Wohnung ohnehin nicht nackt herumlaufen darf.

Aber Singapur hat nicht nur mit »litterbugs« zu kämpfen, die die Umwelt verschmutzen, sondern auch mit echten Insekten. Malaria gibt es in Singapur nicht mehr, das Dengue-Fieber, ebenfalls durch Moskitos übertragen, ist jedoch immer noch eine Bedrohung. Die nationale Umweltbehörde NEA tut alles Erdenkliche, um die Ausbreitung der Dengue-Mücken zu verhindern. Da die Weibchen in stehenden Gewässern brüten, muss jede noch so winzige Wasserlache trockengelegt werden. Alle sind verpflichtet aktiv mitzuhelfen. Die Behörde kann jederzeit vor Ort überprüfen, ob sich im Garten nicht doch ein paar Tropfen Regenwasser in einem welken Blatt gesammelt haben, ob die Stangen, an denen die Singapurer ihre Wäsche zum Trocknen aus dem Fenster hängen, an den Enden tatsächlich abgedichtet sind und ob die Klobürste auch nicht in den Ständer tropft.

Die Beamten kommen unangekündigt und die Geldbußen sind beträchtlich. Das Vorgehen ist effizient und rigoros, wie man es von Singapur kennt. Wenn ein Anwohner auch bei mehrmaligem Klingeln nicht öffnet, wird die Tür aufgebrochen. Er kann noch von Glück sprechen, wenn er nur ein neues Schloss zahlen muss. Vor einiger Zeit sorgte der Fall eines Rentners für Schlagzeilen, der für vier Wochen nach Malaysia gereist war und bei seiner Rückkehr nicht mehr in seine Wohnung kam. Die NEA hatte für eine Kontrolle das Schloss aufgebrochen und durch ein neues ersetzt. Die böse Überraschung war aber, dass der Spülkasten bei der Inspektion so stark beschädigt wurde, dass über mehrere Wochen Wasser austrat. Der Rückkehrer saß auf den Kosten für ein neues Schloss, einen neuen Spülkasten, die Beseitigung des Wasserschadens und den horrenden Wasserverbrauch. Die Behörden beriefen sich bei ihrem brachialen Vorgehen auf Gefahr im Verzug, es hätte schließlich just in diesem Spülkasten eine Dengue-Mücke brüten können.

Für europäische Begriffe ähnlich unbeschwert ist der Umgang mit anderen Persönlichkeitsrechten. Wenn die Zeitungen im Vorfeld eines Prozesses über den Angeklagten berichten, ist zwar durchweg von einem »mutmaßlichen« Dieb, Dealer oder Betrüger die Rede. Damit sich der Leser aber ein genaues Bild des Verdächtigen machen kann, wird der Beschuldigte in der Zeitung mit vollem Namen genannt und sein Konterfei auf dem begleitenden Foto ohne störende Schwärzung präsentiert. Selbst wenn ein Angeklagter vor Gericht freigesprochen wird, dürfte sein Ruf nach der Berichterstattung in der *Straits Times* schwer wieder herzustellen sein.

Wie Prügel- und Todesstrafe soll auch die öffentliche Bekanntmachung von Angeklagten der Abschreckung dienen. Nach dem geflügelten Wort »father knows best« weiß Vater Staat genau, was für den Einzelnen am besten ist. Und setzt es entschlossen um.

Lee Kuan Yew hat ein gespaltenes Verhältnis zur Demokratie. Er war bekannt dafür, immer in Eile zu sein. So gesehen kann man Mitbestimmung durchaus als Zeitverschwendung betrachten. Tatsächlich hätte Singapur es nicht in so kurzer Zeit so weit gebracht, wenn er sich lange mit Anhörungen, Abstimmungen und Bürgerentscheiden aufgehalten hätte. LKY war überzeugt davon, dass die Mehrheit nicht immer Recht hat. Man könne nicht davon ausgehen, dass jeder über das gleiche fundierte Urteil verfüge. Damit überfordere man die Bürger und riskiere, dass Vorurteile, Emotionen und Eigeninteressen politische Entscheidungen beeinflussten. Das wollte Lee nach den Rassenunruhen in den 50er- und 60er-Jahren unbedingt vermeiden. Stattdessen vertrat er Platons Ansicht, dass man nicht der Mehrheit folgen solle, sondern denjenigen, die am besten wüssten, was zu tun sei. Deshalb wollte er die besten Köpfe des Landes für die Politik gewinnen. Er wusste, wie: mit Geld und Anerkennung.

In Singapur werden Regierungsmitglieder so gut bezahlt wie in kaum einem anderen Land. Viele Regierungschefs wünschen sich hinter vorgehaltener Hand, sie könnten auch ein derartiges Besoldungssystem einführen, das transparent und gleichzeitig attraktiv genug ist, die fähigsten Leute in die Politik zu locken. 2012 verdiente der Premierminister 2,2 Millionen Dollar im Jahr, ein neu ins Kabinett berufener Minister immerhin noch die Hälfte. Das Besoldungsniveau orientiert sich an der Privatwirtschaft, genauer am Durchschnitt der 1.000 Singapurer Top-Verdiener. Wie bei Führungskräften in der Wirtschaft ist ihre Vergütung dabei an die Erreichung bestimmter Zielvorgaben geknüpft: an die Steigerungsraten des Bruttoinlandsproduktes, des mittleren Haushaltseinkommens und nicht zuletzt an die Gehaltsverbesserung des einkommensschwächsten Fünftels der Bevölkerung.

Weil Geld allein jedoch auch nicht glücklich macht, bietet Singapur seinen Koryphäen einen zweiten Anreiz: Politische Mandate, insbesondere Regierungsämter genießen in Singapur höchstes Renommée. Kritische Berichterstattung über Regierungsmitglieder, ganz zu schweigen vom Verriss, von dem die Medien in anderen Ländern leben, ist in Singapur undenkbar. Nicht nur wegen des konfuzianischen Hierarchieverständnisses, sondern von Gesetzes wegen. Ein Verstoß kann jedem, der es trotzdem wagt, politisch und finanziell das Genick brechen.

Lee Kuan Yews Einstellung zur Pressefreiheit folgt nur konsequent seinem Menschenbild. Selbst wenn das Volk Zugang zu allen Informationen hätte, hielt er es weder für willens noch für kompetent genug, sich ein dezidiertes Urteil zu bilden. Wer macht sich schon die Mühe, Journale unterschiedlicher politischer Färbung zu kaufen, zu studieren und deren jeweilige Argumente abzuwägen? Außerdem seien den Menschen bessere Lebensbedingungen wichtiger als demokratische Grundsätze. Sie wollten Wohnungen, Ärzte, Arbeit und Schulen – und keine Leitartikel schreiben.

Dementsprechend kommt Singapur in der Pressefreiheitsstatistik von 2013 unter 179 bewerteten Ländern auf Platz 149, immerhin knapp vor dem Irak, Myanmar und Gambia. Der »Internal Security Act« ermöglicht es der Regierung Veröffentlichungen zu unterbinden, einen Verlag über Nacht zu schließen und Regimekritiker ohne Gerichtsverfahren hinter Gitter zu bringen. Am bekanntesten war wohl der Fall der *Far Eastern Economic Review*, die nach der Veröffentlichung eines Artikels über »Singapurs Martyrer Chee Soon Juan«, einen kämpferischen Aktivisten der Oppositionspartei, verboten wurde. Kein Wunder, dass man kaum Kritisches liest.

Der »Newspaper and Printing Presses Act« verschafft der Regierung Einfluss auf die Besetzung der Verlagsgremien. Dabei verlangt offiziell niemand, dass die Redakteure der Regierung nach dem Mund reden. Sie mögen sich vielmehr ganz unabhängig ihr Bild machen, und dann zu den richtigen Schlüssen kommen. Überhaupt ist man in Singapur sehr auf Konsens aus. Das Erstaunliche ist dementsprechend auch nicht, dass in Singapur zensiert wird, sondern wie wunderbar die Selbstzensur der Meinungsbildner funktioniert, die ein Eingreifen des Staates fast überflüssig macht. »Pressefreiheit« ist in Singapur vor allem als »Freiheit vor der Presse« zu verstehen. Das immerhin kann Cherian George schreiben.

Inzwischen lässt Singapurs Zensurbehörde, die Singapore Broadcasting Authority, durchblicken, selbst sie könne nicht alles kontrollieren – insbesondere nicht das gesamte Internet. Stellen die Zensoren hier tatsächlich Effizienz vor Kontrolle? So ganz will man es noch nicht glauben, auch wenn es tatsächlich einige kritische Blogs und sogar vereinzelte nicht ganz linientreue Artikel und Bücher gibt. Doch politische Diskussionen zu führen, egal in welchem Medium, ist nach wie vor ein heikles Unterfangen. Singapurer könnten durchaus ihre Meinung kundtun, eine Verunglimpfung der Regierung sei jedoch nicht hinnehmbar, lässt sie verlautbaren. Zwischen toleriertem Feedback und rechtswidriger Kritik liegt jedoch ein schmaler Grat. Verständlich, dass die meisten Singapurer sehr darauf bedacht sind, stets auf der sicheren Seite zu bleiben.

Das gilt auch für das Speakers' Corner, ein Zugeständnis an den Liberalismus, das in Anlehnung an sein Londoner Vorbild im Jahr 2000 feierlich eröffnet wurde. Für seine Einrichtung wurde eine Stelle im Hong Lim Park in Chinatown gewählt, weil hier in den 50'er- und 60'er-Jahren des letzten Jahrhunderts die Kundgebungen stattfanden, die Singapurs Weg in die Unabhängigkeit begleiteten. Das Recht auf freie Meinungsäußerung, zumindest an diesem Ort, wurde als große freiheitliche Errungenschaft begrüßt.

Bis dahin war nämlich erst eine staatliche Erlaubnis einzuholen, wollte man öffentlich über ein bestimmtes Thema sprechen. Freilich, auch am Speakers' Corner kann man sich nicht einfach hinstellen und seine Ansichten zum Besten geben. Nach der entsprechenden Satzung haben sich Redewillige zunächst unter Angabe des zu behandelnden Themas sowie – richtig, ihrer Passnummer – im Polizeirevier zu melden. Dieses befindet sich praktischerweise direkt neben dem Versammlungsplatz, der im Übrigen mit einem hochmodernen Überwachungssystem ausgestattet ist.

Nach der Registrierung kann man sich frank und frei äußern über alles, was einem auf den Nägeln brennt – im Prinzip zumindest. Tabu ist alles, was auch nur entfernt mit religiösen Themen oder Aspekten, die möglicherweise ethnischen Konfliktstoff bergen, zu tun haben könnte. Auch tut ein Redner gut daran, darauf zu achten, nicht die Gefühle anderer zu verletzen – nicht einmal potentiell. Anderenfalls würde ihm die Redeerlaubnis mit sofortiger Wirkung entzogen.

Ohne Lizenz zu sprechen wiederum kann einen teuer zu stehen kommen. Der oben bereits erwähnte Oppositionspolitiker Chee Soon Juan stellte 2002 in einer Rede am Speakers' Corner das Kopftuchverbot an öffentlichen Schulen in Frage, wohl ohne alle Formalien eingehalten zu haben. Das brachte ihm eine Strafe von 3.000 Dollar ein. 2.000 Dollar hätten eigentlich schon gereicht, denn ab diesem Strafmaß verliert man für fünf Jahre das Recht, bei den Parlamentswahlen zu kandidieren.

Auf Verleumdung von Regierungsmitgliedern stehen drakonische Strafen. Chee war durchaus nicht der einzige, der das zu spüren bekam. Die Schadenersatzforderungen sind so hoch, dass sie den Verurteilten nur allzu oft in die Insolvenz treiben. Und wer insolvent ist, kann von Gesetzes wegen kein politisches Amt mehr ausüben. Chee, zum Beispiel, der sich mehrfach mit der Regierung angelegt hatte, musste mehrere kürzere Gefängnisstrafen absitzen und in einem Verleumdungsverfahren 500.000 Dollar Schadenersatz an die ehemaligen Premierminister Lee Kuan Yew und Goh Chok Tong zahlen, nachdem er sich kritisch über deren Regierungspolitik geäußert hatte. Unter den Einheimischen fand sich kein Verteidiger, der das Mandat übernommen hätte, ein ausländischer Anwalt wurde ihm nicht gewährt. Die Praxis, Widersacher durch Prozesse in den Bankrott zu treiben und damit aus dem Verkehr zu ziehen, mag ein Grund dafür sein, dass immer weniger Singapurer das Bedürfnis verspüren, am Speakers' Corner frei von der Leber weg zu sprechen. Es heißt, es sei inzwischen die wohl »stillste Ecke« Singapurs.

Über die Einschränkung ihrer Freiheit trösten sich die Singapurer mit dem Gedanken hinweg, in einer der sichersten Gegenden der Welt zu leben. »Was nützt mir meine Freiheit, wenn ich nachts nicht allein auf die Straße gehen kann?«, so haben sich die meisten mit dem ubiquitären Staat arrangiert. In den frühen Kolonialzeiten kamen zwölf Polizisten auf 60.000 Einwohner. Das dürfte inzwischen anders sein, auch wenn man nichts davon sieht. Tatsächlich ist die scheinbar geringe Polizeipräsenz moderner Überwachungstechnik und Zivilbeamten zu verdanken, zum Teil jedenfalls. Ein weiterer Grund ist die in Singapur weit verbreitete Devise: »We have the cops in our minds.« Diese Geisteshaltung macht Singapur so sicher wie kaum ein anderes Land.

Die Kehrseite der Medaille: Die Bürger werden leichtsinnig, weil sie sich allzu sehr in Sicherheit wiegen. Deshalb mahnen Videos in den U-Bahnen zu ständiger Wachsamkeit, deshalb rufen Schilder in Erinnerung: »Low crime doesn't mean no crime.« Auch wenn so gut wie nie etwas passiert, ganz gefeit vor Bösewichtern ist man auch in Singapur nicht. Falls doch einmal ein Fahrrad vor der MRT-Station geklaut wird, wird eine hüfthohe Tafel aufgebaut, die vor kriminellen Elementen warnt und noch ein halbes Jahr später zu Zeugenaussagen aufruft.

Um Zucht und Ordnung aufrechtzuerhalten, setzt Singapur aber auch auf die aktive Mithilfe seiner Bürger. Von Versäumnissen bei der Sauberkeit an Bushaltestellen bis zur Anzahl welker Blätter auf der Straße: alles soll gemeldet werden. Für diese Art von Feedback gibt es sogar eine eigene App namens »snap«. Sie erlaubt es besorgten Fußgängern, Sicherheitslücken, etwa auf einer der unzähligen Baustellen, sofort mit den entsprechenden GPS-Koordinaten an das Arbeitsministerium zu melden. Daneben laden diverse andere Plattformen dazu ein, Missstände aufzudecken und öffentlich anzuprangern. Eine davon ist »Stomp«, eine zur *Straits Times* gehörende Internet-Seite, auf der erzürnte Bürger täglich Videos von Rüpeln posten, die sich in der Warteschlange vordrängeln oder die letzten freien Plätze in der U-Bahn wegschnappen. Ein Singapurer stellte hier das Foto einer jungen Frau ein, die im Bus die Frechheit besaß, ihr langes Haar so über die Rückenlehne fallen zu lassen, dass es seine Knie kitzelte. Seinem Gegenüber direkt zu sagen, dass einen etwas stört, kommt in Singapur kaum vor. Damit könnte man einen Gesichtsverlust riskieren oder gar die Harmonie gefährden.

Dieselbe Haltung legt auch das Sicherheitspersonal unserer Wohnanlage an den Tag. Die Sicherheitsleute beobachteten auf ihren Monitoren seelenruhig, wie kleine Kinder in unserem Condo halsbrecherisch auf dem Garagendach herumturnten. Anstatt die Kinder sofort auf die Gefahr hinzuweisen, schossen die Wachleute Fotos von ihnen. Die Bilder hingen am nächsten Tag im ganzen Condo an den Wänden, versehen mit der Rüge, hier habe offenbar jemand seine Aufsichtspflicht verletzt. Bei unserem Auszug ein paar Monate später waren die Fotos immer noch da.

Singapur ist ein besonderes Land. Sauber, sicher, stabil, wohlhabend und dabei wenigstens so etwas wie eine »Semi-Demokratie«. Der Erfolg scheint Lee Kuan Yew Recht zu geben. Er war nicht nur der jüngste Premierminister der Geschichte, sondern auch der am längsten amtierende: 31 Jahre im Amt, plus 14 Jahre als Senior Minister und sieben Jahre als Minister Mentor. Er hat Singapur zu dem gemacht, was es heute ist. Und er hat immerhin zugelassen, dass die *Straits Times* diesen Witz abdruckt:

Zwei Hunde schwimmen im Meer zwischen Singapur und Borneo in entgegengesetzte Richtungen. In der Mitte der Meerenge treffen sie sich und grüßen einander. Der Hund, der auf dem Weg nach Borneo ist, fragt den anderen, warum er denn nach Singapur wolle.

– »Ah, Du weißt schon, die tollen Shopping Malls, die modernen Wohnungen, die erstklassigen Krankenhäuser, die hervorragenden Schulen. Und alles klimatisiert! Und Du, was willst Du in Borneo?«
– »Nur mal bellen.«

Als der Mann von ISABEL SCHRIMPF seiner Familie eröffnete, dass sie für ein paar Jahre nach Singapur ziehen würden, schossen ihrem Sohn die Tränen in die Augen. Zwei Jahre später, als es »zurück nach Deutschland« hieß, und sich zumindest ihre Tochter schon auf Strumpfhosen und Daunenjacken freute, sprach er tagelang kein Wort mehr mit seinen Eltern – er wollte nicht mehr weg. Auch die Autorin wäre gerne noch länger in Singapur geblieben. Sie nutzte die Unterbrechung von ihrer langjährigen Tätigkeit in der Marketingforschung nicht nur für dieses Buch, sondern auch für eine Ausbildung am Asian Civilisations Museum, wo sie Einheimische und Touristen durch die faszinierende Kulturgeschichte Singapurs führte.